Johanna Hani

Guides Spirituels

Cahier de Vacances

2023

Éditions Alliance Magique

Éditions Alliance Magique

www.alliance-magique.com

Retrouvez-nous sur les réseaux sociaux

Facebook @Alliance.Magique
Twitter @AllianceMagique
Instagram @alliancemagique

Crédits :

Sous la direction de : Laura Garuet-Lempirou
Coordination éditoriale : Océane Richard
Création graphique : Anaïs Cousinou
Mise en page : Gaëlle Mas
Couverture : Gaëlle Mas et Loanna Triffaut
Correction : Nathalie Rachline et Olivia Caly
Illustrations couverture : Stéphanie Gras, Julie Bonsignori, Shutterstock : struvictory.
iStock : smile3377, Riva, max_776

ISBN : 978-2-36736-177-2
Dépôt légal : 2e trimestre 2023
Imprimé en France par TypoLibris

Une marque du groupe éditorial Piktos.
355, rue de la Montagne-Noire — 31750 Escalquens
contact@piktos.fr

À mon papa,

Tu viens de traverser le voile qui sépare nos mondes pourtant, à chaque instant, je sens ta présence pleine d'amour.

Sommaire

Introduction

Entrer en communication avec l'invisible peut sembler intimidant, impressionnant et, pour certains d'entre nous, un rêve réservé à ceux qui ont un « don ». Pourtant, j'ai la certitude que vous le faites déjà, en permanence, simplement vous ne mettez pas encore le mot « communication » sur l'échange énergétique que vous vivez au quotidien avec le monde de l'esprit ; vous ne conscientisez pas encore réellement ce phénomène.

J'écris ce cahier avec la plus grande des joies, car je sais à quel point permettre à vos guides de vous aider dans tous les aspects de votre vie sera transformateur et source de bonheurs, petits et grands. Je le fais depuis toujours. J'ai souvent écouté, d'autres fois non ; j'ai quelques fois été fâchée parce qu'ils ne répondaient pas comme je l'aurais voulu et d'autres fois pleine d'amour pour ce monde disponible, présent, sans jugement et patient.

Je partagerai avec vous mon expérience de cet univers. Elle peut être différente de ce que vous avez peut-être lu ou appris, mais mon intention est que vous ressentiez combien il est facile de recevoir de l'aide à chaque instant, combien il est bon de ne jamais se sentir seul, combien il est apaisant de se sentir aimé, inconditionnellement.

Ainsi épaulés, nous améliorons notre confiance en l'avenir et en l'autre, nous devenons moins enclins à regarder en direction des obstacles et apprenons à voir et saisir les opportunités qui s'offrent à nous.

Nos guides influencent nos vies, que nous le sachions ou non. Lorsque nous sommes assis, en train de nous interroger sur un sujet et que, soudain, une idée jaillit comme sortie de nulle part, lorsque nous tournons à un endroit sans en avoir eu l'intention et trouvons l'objet de nos recherches. Ma nièce, qui est « connectée », comme je crois tous les enfants, faisait une balade en forêt avec sa maman. Après des heures de marche, elles se sont perdues et, malgré le GPS, ne parvenaient pas à retrouver l'endroit où leur voiture était garée. Alors que ma sœur optait pour une direction, ma nièce l'a arrêtée : « Maman, c'est pas par-là, regarde, le vent nous repousse ! » Intriguée, ma sœur s'est aperçue qu'en effet c'était une très belle journée sans vent et qu'il n'y avait aucune raison d'être presque empêchées d'avancer par une bourrasque soudaine. Elle a donc décidé de se fier à cet indice et, en prenant le seul chemin par lequel le vent ne les empêchait pas de passer, elles ont retrouvé leur voiture !

Lorsque nous sommes d'accord pour recevoir cette forme d'aide, nous devenons capables de percevoir les signes qui sont mis sur notre route et le soutien qui nous est offert. Nous cessons de nous entêter dans les mauvaises directions pour suivre la meilleure pour nous. Certes, il arrive, parfois, que les conseils que nous recevons aillent à l'encontre des désirs de notre mental, mais, au final, nous sommes heureux d'avoir fait confiance à la vie et à nos guides.

Plus nous communiquons avec le monde de l'invisible, plus cette interaction devient directe ; elle ne passe plus par le mental et ses doutes, ses questions, ses « comment faire », « comment

je sais », elle se produit intensément, de cœur à cœur, d'âme à âme, de vibration à vibration. Ainsi, c'est en « s'entraînant », même si le mot peut paraître mal à propos, que l'on parvient à établir et construire un lien qui n'engendre aucune ambiguïté. Nous « savons » que nous recevons la guidance venue d'un monde qui deviendra de plus en plus palpable, normal, évident, et j'ai envie d'ajouter : « ici ».
Le cerveau ne pouvant concevoir l'espace et le temps que de façon segmentée et linéaire, le monde invisible est souvent perçu sur un autre plan, quelque part dans le ciel, « là-haut » – comme je l'entends souvent. J'aime croire que nous partageons tous le même espace, mais que nous vibrons à des fréquences différentes. C'est ainsi que je ressens l'existence du monde spirituel depuis que je suis enfant alors même que je n'étais pas capable de mettre des mots sur cette sensation de proximité immédiate.
Pour qu'elle soit satisfaisante, empreinte de confiance et même de foi, je crois nécessaire de sortir de notre conception matérielle du monde pour élargir notre conscience au fait que nous sommes et nous baignons dans un champ énergétique qui n'a ni début ni fin.
Concernant les jeux, faites-les le plus légèrement possible, soyez sûr que vous êtes aidé et vivement encouragé dans le chemin sur lequel vous avancez. Si vous ne sentez rien, ce n'est pas parce qu'aucun guide ne s'est connecté à vous, mais parce que vous avez encore besoin d'un peu d'entraînement pour comprendre comment ressentir dans votre corps l'énergie du monde spirituel. Ne vous attendez pas à ce qu'on voit dans les films : la communication avec le monde invisible est très subtile et demande un peu d'habitude pour être parfaitement identifiée. Ce cahier est spécialement conçu et construit pour vous aider à ressentir, entendre, comprendre les guides qui vous accompagnent déjà et ceux que vous serez amené à rencontrer tout au long de votre vie.
Alors, laissez-vous guider et, surtout, amusez-vous !

Chapitre 1

Un guide, c'est quoi ?

Qui sont ces entités qui ne demandent qu'à nous aider ?

La première idée qui me vient à l'esprit quand on me pose cette question, c'est qu'un guide est une entité dotée d'une perspective plus large que la nôtre car non entravée par les limitations de la matière. Je les perçois comme des énergies plutôt que comme des êtres finis. Il m'est souvent arrivé de lire qu'ils nous étaient assignés pour nous venir en aide et nous guider. Mais, en tant qu'amoureuse du libre arbitre et de la liberté tout court, j'ai davantage l'impression que nous nous choisissons mutuellement, exactement comme nous le faisons avec des amis. Nous avons des affinités, un coup de foudre amical, de la tendresse les uns pour les autres, et nous entretenons une relation profonde et sincère. Certains guides ne font que passer lorsque nous avons un sujet précis à traiter, d'autres sont près de nous depuis le début de notre vie (et, pourquoi pas, bien avant) et nous accompagnent jusqu'à notre dernier souffle. Avant d'entrer dans le détail et apprendre comment établir une relation avec nos guides, voici un rapide aperçu de l'équipe d'accompagnateurs invisibles à laquelle nous pouvons faire appel à chaque instant de notre vie.

Nos ancêtres

Certains guides ont connu l'incarnation et vibrent à une fréquence proche de la nôtre. Ce sont souvent des membres de notre famille décédés, des grands-parents ou même des ancêtres que nous n'avons jamais connus, mais qui se sentent intimement liés à nous et souhaitent nous aider à grandir en tant qu'humain et spirituellement. Puisque leurs vibrations ne sont pas très éloignées des nôtres, il nous est assez facile de les ressentir et d'apprendre à entrer en contact avec eux par différentes méthodes que nous verrons dans ce cahier. Ils nous aiment d'un amour filial.

Les muses

D'autres guides ont également été incarnés, mais leurs vibrations me semblent plus rapides. Ce sont souvent des enseignants, des inspirateurs. Ils aiment être proches des chercheurs, des philosophes, des personnes qui souhaitent comprendre le monde, de ceux qui, parmi nous, ont à cœur d'aider leur prochain. Leur forme d'amour est plus universelle. Même s'ils se sentent des affinités particulières avec notre vision du monde, notre façon de l'aborder, et qu'ils ont envie de nous transmettre leur savoir, nous ne ressentons pas la même proximité qu'avec nos ancêtres. Nous pourrions comparer notre lien à celui que l'on pourrait avoir avec un professeur. Il apparaît dans notre vie lorsque nous avons le désir d'apprendre.

Les esprits de la nature

Certains guides connaissent le monde de la matière, mais pas sous forme humaine. Nous pouvons les reconnaître en tant qu'esprit de la nature. Ceux d'entre nous qui se sentent particulièrement proches de la nature et qui ont envie de la préserver ou de la protéger pourront développer des relations avec des fées, des arbres et même un lieu.

Les anges

Puis viennent les guides qui n'ont jamais été incarnés. Leurs vibrations sont plus rapides encore et leur perspective sans limite. On les appelle « êtres de lumière », « anges », « archanges ». En dehors de toute religion, j'aime entrer en communication avec ces êtres car ils nous permettent de nous concevoir en dehors de l'ego, des limites, de la séparation. Leur contact élargit notre conscience et nous fait entrer dans une dimension d'amour inconditionnel.
L'un des éléments qu'il me semble important de souligner pour établir une bonne relation avec nos guides est que nous devons essayer de les envisager en dehors de notre dimension humaine avec ses règles, ses interdits, sa bienséance, ses idées reçues, ses limites. Nos guides sont avant tout des êtres d'énergie, mais ne sont pas soumis au temps, à la dimension ni à l'espace tels que nous nous les représentons. Ils ne connaissent pas – ou peu – le monde de la séparation engendré par notre « matérialité ».

Pourquoi ont-ils envie de nous aider ?

Même s'il nous est difficile de le concevoir tant nous vivons dans un monde fait de séparation, de contrainte, parfois de désespoir, l'énergie dont nous émanons est faite d'amour et d'unité, et je crois que l'évolution des uns est bénéfique à celle de tous. L'être humain a ceci de particulier que son ego lui permet d'avoir des désirs de toutes sortes. Ces désirs, s'ils ne sont pas contrariés, s'ils sont tout simplement ressentis, acceptés et envoyés dans l'Univers, deviennent de l'énergie qui accroît l'énergie existante et participe ainsi à l'expansion de l'Univers et de la Source qui crée toujours plus grâce à nous. Ce que nous souhaitons existe instantanément à l'état vibratoire. L'intention dont nous entourons ensuite nos désirs intensifie leur énergie pour leur permettre de se manifester dans la matière. Plus nous sommes aidés pour réaliser nos rêves, plus nous rêvons et plus nous participons tous, communément, le monde de l'esprit et nous, à l'expansion de l'Univers.

Comment allez-vous ?

Pour reconnaître la présence de nos guides près de nous, nous devons être conscients de notre propre énergie.

Dans ce premier exercice, je vous propose de trouver un endroit calme, de fermer les yeux et de simplement rester un instant avec vous en respirant calmement. Quand vous décidez que c'est suffisant, entourez les mots qui définissent le mieux votre énergie du moment sans aucun jugement :
légèreté, stress, joie, profondeur, attente, calme, pétillement, colère, sombre, tristesse, nostalgie, rêverie, impatience, apathie, fatigue, rire, danse, langueur, ennui, amour, don, espoir, peur, courage, vide intérieur, angoisse...

N'hésitez pas à refermer les yeux de temps en temps pour replonger en vous afin d'affiner ce que vous ressentez. Ajoutez les mots qui ne se trouvent pas dans la liste.

....

Plus vous avez conscience de l'énergie qui vous habite et vous entoure, plus vite vous serez en mesure de déceler le moindre changement énergétique autour de vous et ainsi saurez que votre guide est près de vous. Faire cet exercice pendant quelques instants tous les jours, pourquoi pas au réveil, alors que vous êtes encore dans votre lit, vous permettra d'être de plus en plus ancré et davantage dans l'instant présent.

S'ouvrir à d'autres systèmes énergétiques

Pour pouvoir comprendre et recevoir la guidance de nos accompagnateurs invisibles, notre cerveau doit pouvoir s'ouvrir à d'autres systèmes de pensées et perspectives et les accepter. J'ai concocté ce jeu et bien d'autres dans cette optique. Notez mentalement ou écrivez la première réponse qui vous vient à l'esprit, il n'y a pas de bonne ou de mauvaise réponse. Vous pouvez être inspiré par l'écriture d'un seul mot comme de plusieurs pages, ou même rien. Ne censurez aucun mot. Commencez à vous familiariser à l'instantanéité avec laquelle les messages de vos guides peuvent vous venir à l'esprit. Souriez !
Dans la partie Corrigés, vous trouverez les réponses d'une de mes amies qui s'est prêtée à l'exercice.
Imaginez que vous êtes l'un des éléments suivants. Prenez le temps de vous mettre dans sa peau, dans son énergie. Que répondriez-vous à la question « Qu'est-ce que la vie ? » si vous étiez l'un des éléments cités :

Qu'est-ce que la vie si vous étiez... :

- un nuage ?

....

- un chêne ?

....

- une rivière de montagne ?

....

- de la boue ?

....

- un grain de sable du désert ?

....

Si vous le voulez, observez dans votre corps ce que cela fait d'être un nuage, un chêne. Vous ferez ainsi deux exercices à la fois en observant les changements énergétiques engendrés par la connexion à des éléments de différentes densités.

Mots mêlés

Retrouvez et entourez les mots qui désignent quelques-uns des moyens que les guides utilisent pour communiquer avec nous.

CHIFFRES	PLUMES	MUSIQUE
CHANSONS	LIVRES	RÊVES
EFFLEUREMENT	PENSÉES	SYNCHRONICITÉ
AFFICHES	ORBES	IDÉES
HUMOUR	NUAGES	INTERMÉDIAIRES
SOUVENIRS	MONNAIE	ODEURS

J	I	S	M	C	J	W	B	O	T	Y	J	X	U	T	Q	T	S	W	Z	V	C	T	M	B
I	N	T	E	R	M	É	D	I	A	I	R	E	S	O	U	Y	M	I	M	W	H	G	O	M
V	W	V	U	R	D	P	O	V	Z	N	A	M	E	S	N	W	L	D	T	Q	I	A	N	A
U	B	M	Q	Z	P	S	E	H	C	I	F	F	A	C	O	E	F	É	X	W	F	T	N	K
U	O	P	D	L	V	Z	F	J	U	J	Y	P	H	K	D	U	A	E	O	Y	F	Q	A	I
W	I	A	U	L	S	U	L	J	N	X	S	R	L	Y	V	A	V	S	I	X	R	X	I	T
F	O	M	J	J	S	Y	A	L	V	F	O	N	W	H	A	U	S	E	L	R	E	G	E	H
F	E	T	P	E	U	F	H	K	G	N	E	G	O	J	F	E	Y	K	N	G	S	R	T	C
S	J	F	V	E	M	X	L	I	I	Y	C	J	V	S	V	W	Q	Y	D	I	D	N	W	H
Q	P	F	D	H	N	K	Y	C	Z	T	A	U	D	Ê	N	X	S	F	W	M	R	N	F	M
K	L	X	O	R	F	S	I	M	M	J	M	E	R	K	G	A	J	K	U	W	N	S	D	T
F	G	A	X	H	D	T	É	K	M	E	U	Q	I	S	U	M	H	E	L	M	Y	M	C	D
S	C	Y	D	D	É	U	P	E	B	F	X	T	N	I	B	C	S	C	T	D	O	Q	V	A
B	E	Y	F	S	C	S	H	F	S	C	O	D	T	T	K	M	B	I	S	D	U	I	O	R
P	Q	B	T	K	R	F	E	K	I	H	C	N	Y	P	S	M	I	T	E	S	J	P	P	Y
K	X	M	R	V	K	Z	J	Z	Y	D	P	F	N	D	E	K	A	U	S	E	P	G	T	X
O	Y	Y	D	O	N	E	T	L	Z	E	N	I	B	U	R	X	R	Y	D	G	S	O	R	F
B	H	T	G	Y	M	Z	E	Z	C	W	F	Z	D	B	V	S	S	L	D	A	O	M	R	G
R	X	H	C	I	H	Z	N	V	G	P	R	K	P	W	I	P	R	B	F	U	B	U	D	X
S	O	W	T	S	C	W	N	H	F	A	U	K	H	W	L	E	F	U	N	N	O	E	C	K
S	O	Q	O	Z	R	G	V	K	V	W	M	P	O	F	P	L	L	V	K	M	F	W	G	T
C	X	H	P	W	R	S	Y	N	A	W	K	Y	S	U	B	F	A	D	U	F	H	X	D	E
V	K	V	K	J	A	E	F	F	L	E	U	R	E	M	E	N	T	H	Z	Z	X	J	M	W
O	G	T	G	K	R	O	U	U	P	P	P	P	R	D	K	G	F	F	O	H	O	W	J	Z
L	P	U	I	B	W	R	P	Q	Y	E	H	F	T	M	S	K	R	O	F	I	I	A	K	Y

Chapitre 2

Idées reçues

Avant toute chose, j'ai envie de commencer par mettre à mal certaines idées reçues sur la communication avec nos guides.

Non, le monde spirituel ne nous est pas supérieur.

Parce que nous sommes dotés d'un cerveau qui a besoin de hiérarchiser, nous observons le monde de cette façon et nous appliquons des caractéristiques de supériorité et d'infériorité à tout ce qui nous entoure. Il nous est donc difficile de concevoir nos guides au-delà de ce concept. Pourtant, nos guides ne nous considèrent pas comme inférieurs à eux. Pour eux, nous vivons simplement dans une dimension différente afin de faire l'expérience de la dualité et ils sont prêts à nous offrir tout le soutien dont nous avons besoin pour y parvenir. Si vous le voulez bien, imaginez que vous vivez au rez-de-chaussée d'un immeuble, vos parents vivent au premier étage, vos grands-parents au deuxième, ainsi de suite jusqu'à ceux qui vivent au dernier étage. Il paraît évident que, lorsque vous regardez par la fenêtre, votre champ visuel est réduit comparé à celui des personnes vivant au-dessus de vous. Ceux qui ont la perspective la plus élevée – ou la plus large, si vous préférez – sont ceux qui habitent au dernier étage. Nous « vivons » dans des dimensions différentes, mais cela ne fait pas de nous des êtres inférieurs. En tout cas, ce n'est pas du tout ainsi que nous sommes perçus par nos guides, bien au contraire.

Non, vous ne dérangez pas vos guides.

L'un des arguments que j'entends le plus souvent de la part de ceux qui n'osent pas faire appel au monde spirituel, est qu'ils ne veulent pas déranger. Là encore, la raison en est que nous observons nos guides à travers nos propres filtres. Pardonnez-moi de me répéter, mais les entités auxquelles nous souhaitons faire appel sont des êtres faits d'énergie, intemporels, éternels, multidimensionnels. Ils ne sont pas figés dans des corps obligés de se déplacer physiquement pour aller d'un point A à un point B. Ne croyons pas que nos guides sont en train de vaquer à leurs occupations et qu'ils sont obligés de tout laisser tomber pour nous aider. Selon mon expérience, ils peuvent tout à la fois être « ailleurs » et en contact avec nous.

Non, il n'y a pas de sujets trop triviaux pour nos guides.

Nous le verrons au fil de ce cahier, il n'y a aucune restriction à ce que nous pouvons demander. En réalité, tous les obstacles que nous mettons entre nous et nos guides viennent de nous et non du monde de l'esprit. Ce sont nos jugements sur nous qui nous empêchent cette communication si enrichissante. Commencez à prendre conscience qu'il existe des êtres capables de vous aimer sans que vous ayez à être ou à faire quelque chose d'exceptionnel, capables de vous aimer juste parce que vous existez.

Non, communiquer avec le monde spirituel n'est pas réservé à certains.

Que nous les appelions « canaux », « channels » ou « médiums », nous allons voir des personnes que nous considérons comme spirituellement plus abouties que nous et qui peuvent nous transmettre les messages de nos guides. Rien ne nous en empêche, bien sûr, et c'est parfois nécessaire quand nous sommes trop englués dans une situation pour pouvoir entendre la voix de nos guides. Mais, de manière générale, nous pouvons établir un lien très privilégié avec notre équipe d'aides spirituels qui saura toujours trouver le moyen de nous orienter si nous apprenons à être ouverts à toute forme de communication.

Non, la communication avec les guides n'est pas liée à un don.

L'idée de don est prégnante dans tous les domaines de notre vie, la musique, le dessin, les mathématiques, la littérature... et la spiritualité n'est malheureusement pas exempte de ce phénomène. Nous vivons dans un monde où il nous apparaît normal que certains puissent faire des choses et d'autres non. Je ne vis pas dans ce monde-là. En réalité, il ne s'agit pas de don mais de permission. Tout ce que nous avons à faire, c'est de dire : « Oui, je veux bien communiquer avec vous mes guides. » Rien de plus, rien de moins. Vous les verrez alors remplir votre vie de signes de leur présence.

Non, la communication avec les guides n'est pas liée à la religion ou une croyance particulière.

J'aime apprendre la façon dont est perçu le monde de l'esprit dans toutes les cultures, passées ou présentes (j'aimerais tant écrire « futures »), auxquelles il m'est permis d'avoir accès grâce aux livres et à Internet. Sans exception, la communication avec des êtres « surnaturels » auxquels nous pouvons demander de l'aide y est présente. J'ai la croyance que nous avons tous, qui que nous soyons, accès à cette sagesse et cet amour infinis et que nous avons tous un ou plusieurs guides.

Non, nos guides ne savent pas tout.

Apprendre à communiquer avec l'au-delà ne devrait pas nous empêcher de rester autonomes spirituellement. Il ne s'agit pas d'entretenir une relation de dépendance vis-à-vis de nos guides, mais de complémentarité et d'amitié. Nous devons rester maîtres de nos choix car c'est ainsi que nous évoluons et grandissons. En tant qu'êtres physiques, nous sommes dotés de la perspective de la sensation, cela nous confère un lien au monde tout à fait extraordinaire et une certaine puissance lorsque nous apprenons à utiliser nos facultés sensorielles. Nous ne sommes pas des êtres impuissants, aussi ne devrions-nous pas nous considérer comme des enfants devant une figure paternelle.

Qui êtes-vous ?

Le but de cet exercice est d'apprendre à connaître votre essence, votre énergie, votre vibration, afin de facilement déterminer celles de vos guides.

Réservez-vous dix ou quinze minutes n'importe quand dans la journée ou la soirée. Si vous êtes seul et au calme, c'est encore mieux. Asseyez-vous, respirez en prenant le temps de ressentir l'air passer dans vos narines. Fermez les yeux si possible et savourez ce petit moment de calme. Émettez à présent le souhait que votre énergie se présente devant vous. Ne forcez pas la visualisation. Laissez simplement faire ce qui vient. N'essayez pas de faire correspondre l'image qui se présente à ce que vous aimeriez voir.

Voyez-vous une personne, un animal, un objet, une planète, un chanteur ? Soyez attentif aux détails. N'hésitez pas à demander ce que représente ce que vous voyez, croyez en ce qui vous vient à l'esprit. Vous êtes en train de faire connaissance avec votre essence. Si vous avez l'impression de ne rien « voir » dans votre écran mental, observez vos pensées. Quel souvenir vous vient à l'esprit ? Pensez-vous à un personnage de BD, de film, de série ou de livre ? Quelqu'un de votre entourage se présente-t-il à vous ? Si tel est le cas, demandez-vous quelle qualité principale vous prêtez à l'un de ces personnages ? Ce que vous percevez symbolise votre essence.

Si vous le souhaitez, vous pouvez demander à l'un de vos guides, même si vous ne le connaissez pas encore, de vous aider à connaître votre vibration. Dites simplement : « Cher guide, peux-tu m'assister dans ma rencontre avec mon essence ? Merci », puis faites l'exercice. Essayez de penser régulièrement à l'image que vous avez vue ou ressentie. Plus vous le ferez, plus elle s'étoffera, se précisera, puis prendra le relais sur la personnalité fabriquée et les croyances que vous avez sur vous. Elle sera votre ancre. C'est à votre essence que les guides, notamment ceux dont la vibration est la plus rapide (que l'on appelle communément « élevée »), s'adressent.

Vrai ou faux

Pour aller plus loin dans la mise à mal des idées reçues concernant la communication avec le monde invisible, cochez la bonne réponse pour chaque proposition.	Vrai	Faux
Les guides nous conseillent mais ne prennent jamais les décisions à notre place.		
Il est préférable de suivre les conseils qui nous sont donnés, sous peine que nos guides soient moins présents dans notre vie.		
Nous devons absolument faire une prière avant de communiquer avec nos guides.		
On peut dire que communiquer avec les guides doit se mériter, en quelque sorte.		
Les guides ne peuvent pas agir sur la matière pour nous venir en aide.		

Lorsque nous débutons, il est judicieux de se référer à un médium ou à un canal pour vérifier que nous ne nous leurrons pas.		
Les guides nous aiment quoi que nous fassions, au-delà de ce que nous faisons.		
Communiquer avec les guides change considérablement nos habitudes et notre mode de vie.		
Vous ne pouvez pas converser avec un guide comme vous le feriez avec une personne « corporisée ».		

Reconnaître l'énergie d'une personne décédée

Pour le prochain exercice, faites appel à un ami ou une amie de confiance. Vous lui demanderez de prendre trois morceaux de papier et de noter sur chacun d'eux le nom d'une personne vivante ou décédée, proche ou éloignée ; il peut s'agir de célébrités. Il est préférable que les trois personnes ne soient pas du même sexe. Il y aura un nom par morceau de papier. Votre ami(e) pliera soigneusement les feuilles et vous les remettra sans que vous ne regardiez ce qu'il (elle) a écrit.

Vous pouvez faire l'exercice en sa présence, si vous avez suffisamment confiance, ou seul dans un endroit calme. Prenez l'un des morceaux de papier entre les mains, fermez les yeux et déterminez si la personne est décédée ou vivante, essayez de ressentir également s'il s'agit d'une énergie féminine ou masculine. Soyez attentif aux signaux de votre corps. Dans ce genre d'exercice, il est assez facile de déceler l'énergie d'une personne qui n'est plus parmi nous. La première impression est presque toujours la bonne. Si vous jugez que le résultat n'est pas probant pour vous, n'hésitez pas à recommencer plusieurs fois. Mettez des mots sur ce que vous ressentez lorsque vous définissez qu'une personne est décédée.

....

....

Comment va-t-il (va-t-il/elle) ?

Pensez à une personne que vous connaissez bien. Fermez les yeux et visualisez ou ressentez-la. Émettez ensuite l'intention de vous connecter à son énergie du moment. Après avoir baigné quelques instants dans son énergie, rouvrez les yeux et entourez les mots qui vous semblent le plus adaptés à son énergie. Comme d'habitude, il ne s'agit que d'une aide. N'hésitez pas à noter les mots qui vous sont peut-être venus à l'esprit au moment où vous vous êtes connecté à son énergie présente.

Il se peut que vous ayez envie d'entourer des mots qui, selon vous, ne correspondent pas du tout à l'état de votre ami, mais faites-vous confiance : nombre d'entre nous ne sont pas toujours conscients de ce qui nous habite réellement. La magie du monde de l'esprit nous apprend à connaître réellement l'autre. Si vous ne vous sentez pas à l'aise pour faire cet exercice sans demander l'autorisation de la personne que vous avez choisie, faites-lui savoir ce que vous envisagez de faire.

timidité, cœur, enfermement, amour, grandeur, nature, guérison, artiste, solitude, rancœur, ambition, ville, imagination, manque, crainte, ombre, vie, rire…

Chapitre 3

Nos ancêtres

Comme nous l'avons vu, il est assez facile de contacter les guides avec lesquels nous partageons la même lignée. Beaucoup témoignent qu'ils ressentent leur présence en permanence. Ils ont l'impression d'être observés et protégés à chaque instant. Leur énergie semble avoir une densité proche de la nôtre, à tel point que, parfois, on peut ressentir comme un effleurement sur notre peau lorsque leur énergie entre en contact avec la nôtre.

Les parents

Lorsque ce sont des parents partis trop tôt, ils ressentent le besoin de jouer encore leur rôle auprès de leurs enfants chéris. Étrangement, on peut ressentir leur inquiétude et le fait d'avoir quitté le monde de la matière ne leur fait pas perdre ce sentiment qu'ont souvent les parents envers leurs enfants : ils aimeraient que vous ne souffriez jamais, aussi les conseils qu'ils peuvent donner sont ceux de l'évitement de certaines situations, de la non-prise de risque. Il est possible que, bien qu'on se sente profondément aimé par leur énergie, nous puissions également avoir le sentiment que nous ne pouvons pas tout faire ou dire en leur présence, comme si nous étions jugés. Bien sûr, ce n'est pas ce qu'ils souhaitent engendrer en nous puisque leur présence à nos côtés n'a d'autre intention que de nous protéger, aussi nous conseillent-ils sur ce que nous devrions ou ne devrions pas faire.

Les grands-parents

Les grands-parents sont, eux, emplis d'amour pour leurs petits-enfants et ils veulent les voir grandir. L'émotion la plus prégnante que l'on ressent en leur présence est le réconfort. Contrairement aux parents, ils n'émettent aucune énergie d'inquiétude, ils nous laissent aisément faire nos « bêtises », nos choix, et sont là pour nous consoler, nous soulager par leur présence bienveillante et remplie d'un amour inconditionnel. Leurs conseils, si nous leur en demandons, seront dirigés vers tout ce qui peut nous faire du bien. Je ne les perçois pas comme des « orientateurs », mais plutôt comme des présences bienveillantes.

Les ancêtres

Nos guides ancêtres éloignés peuvent l'être depuis de nombreuses générations. La raison de leur présence auprès de nous tient souvent au fait que nous avons la même passion, le même métier, les mêmes caractéristiques intellectuelles ou morales. Ils ont à cœur de nous guider essentiellement professionnellement, surtout lorsqu'eux-mêmes n'ont pas pu aller au bout de leur projet de vie. J'ai rencontré de nombreuses personnes attirées par l'ésotérisme ou le mysticisme et qui se sentaient guidées par un ancêtre ayant pratiqué les arts de la sorcellerie ou de la magie et ayant été persécuté pour cela. Ils sont encourageants, inspirants, ils nous guident vers les livres, les maîtres, les personnes qui favoriseront notre évolution dans le domaine qui nous intéresse.

Comment manifestent-ils leur présence auprès de nous ?

Les parents et grands-parents

Ils se manifestent souvent par l'apparition soudaine d'un léger parfum, une odeur qui les accompagnait ou qu'ils aimaient de leur vivant comme le lilas, la lavande ou la rose. Nous pouvons aussi ressentir leur présence physiquement, comme si nous étions enlacés énergétiquement, comme entourés d'un voile très doux de coton. Il se peut même que l'on sente un effleurement sur nos cheveux ou notre peau découverte. C'est une présence toujours rassurante qui n'évoque jamais la peur car notre cœur sait qu'il s'agit d'êtres protecteurs et bienfaiteurs, de nos guides. Ils apparaissent également souvent dans nos rêves. Nous pouvons penser à eux à des moments inattendus. On peut ressentir aussi que notre cœur se remplit d'un amour filial qui nous donne envie d'appeler un membre de notre famille.
Il existe d'innombrables façons pour eux de se faire connaître auprès de vous. En restant alerte et en vous attendant à leur présence, vous pourrez aisément compléter cette courte liste.

Nos ancêtres éloignés

Ils ne semblent pas très présents dans notre quotidien. Ceux qui ont déjà ressenti leur présence parlent de la certitude qui s'est fait jour en eux qu'ils étaient accompagnés et soutenus dans leur projet. Ils se sentaient comme pressés par une énergie extérieure à eux afin de mener à bien ce qu'ils souhaitaient. Ils pourront même parfois dire : « Ce n'est pas moi qui veux réaliser ce projet, je me sens appelé à le faire. » Oui, nous gardons notre libre arbitre, et au final, nous seuls choisissons ce que nous voulons pour nous, mais il est vrai que nos ancêtres guides peuvent devenir les gardiens de nos projets en nous empêchant de nous disperser, d'abandonner ou de procrastiner. Nous savons qu'ils entrent dans notre vie surtout quand nous commençons à ressentir un vif intérêt pour notre arbre généalogique, lorsque nous nous mettons à interroger notre famille sur nos origines, que nous nous intéressons à nos aïeux et prenons plaisir à écouter les histoires qui se sont transmises de génération en génération.
Ces guides n'ont pas nécessairement besoin que nous leur demandions de se manifester à nous pour nous venir en aide. Ils le font parce qu'ils ont notre intérêt à cœur, parce que nous sommes leur lignée. Que nous sachions qu'ils nous guident ou non, ils le font de façon parfaitement désintéressée et profondément aimante.

Qu'attendez-vous de vos guides ?

Quand il s'agit du monde spirituel, une intention claire est une énergie qui accélère notre évolution et nous évite bien des déconvenues quant à la qualité de nos communications. Aussi, je vous propose de noter les raisons pour lesquelles vous voulez entrer en contact avec vos guides. Que souhaitez-vous qu'ils fassent pour vous ? Quel aspect de votre vie voulez-vous voir éclairer de leur douce et sage présence ? Voulez-vous affiner votre communication avec le monde invisible pour en faire votre carrière ? Pour vous inspirer dans un domaine particulier ? Pour ne plus vous sentir seul ? Cette étape est importante car vous apprendrez que plus vous faites preuve de clarté dans vos demandes, plus il vous sera facile d'interpréter les messages de vos guides.

....

....

....

....

L'énergie des lieux

Continuons à présent avec les exercices d'identification des énergies car c'est ainsi que vous pourrez reconnaître quel guide est à vos côtés.
Où que vous soyez en faisant ce jeu – à la plage, dans une chambre d'hôtel, dans le train... –, fermez les yeux et ancrez-vous en ressentant votre langue contre votre palais, le papier du cahier sous vos doigts, le contact de votre corps avec l'endroit où vous êtes assis. Quand vous vous sentez suffisamment présent, émettez l'intention de connaître l'énergie du lieu où vous êtes. Notez le ou les mots qui vous viennent immédiatement à l'esprit. Si rien ne vient, imaginez qu'une de vos amies vous demande comment est le lieu où vous vous trouvez. Quel mot avez-vous envie de prononcer ? Plutôt que de décrire le lieu physique, décrivez l'énergie qui en émane. Avez-vous l'impression d'être en harmonie avec le lieu où vous vous trouvez ? Influe-t-il sur votre humeur ? Pour connaître l'énergie d'un lieu, nous pouvons nous fier à notre état émotionnel lorsqu'on est dedans.

....

....

Exercez votre présence

Si vous vous trouvez dans un endroit que vous connaissez bien, tentez l'expérience de regarder autour de vous comme si c'était la première fois que vous y étiez. Observez chaque détail, le plafond ou le ciel, le sol sous vos pieds et même vos chaussures si vous en portez... Si vous regardez un arbre, par exemple, prenez le temps d'observer son écorce, les nervures de ses feuilles, les différents tons de vert, la forme des branches... Vos guides vont absolument adorer votre capacité d'observation car vous deviendrez alors un humain très facile à guider !

Double puzzle

Remettez dans l'ordre les mots représentant quelques-unes des raisons qui nous empêchent d'entendre ou de voir les signes de nos guides. Cette grille est établie sans aucun jugement. Nous sommes humains et tous soumis à ces aspects de nous à certains moments de nos vies. Cela ne signifie en aucun cas que nos guides s'éloignent de nous, mais, lorsque nous ressentons les émotions et sentiments décrits ci-dessous, nous nous fermons à nos aides spirituelles comme nous nous fermons à celles de nos amis pour parfois écouter des personnes qui n'ont pas nécessairement notre bien à cœur. Puis retrouvez l'affirmation du jour grâce aux mots que vous avez remis dans l'ordre.

IPSATVSIÉ

	27	6	9		28			

MÏGOÉSE

	23			22		8

ANITNTOINTE

5	33	14	40	46	11	37		24	32	

IREOANHPPSNÉ

			2			21		12			

CÈEOLR

38		44			3

OÉEGTCMSEINR

	15		31	1				45	17	10	29

ETTEATN

36			19			16

ÉLMNRPTIELEAP

47		41			35	7		26	20	39		

AFTONIISCMTIY

		13			34	43	30				4	

OTCIDDINA

	18	25		42				

J	
	1

		Ç			
2	3		4	5	6

7	8	9

10	11	12	13	14	15	16	17

18	19

20	21	22

	U				
23		24	25	26	13

27	28	29	30

31	32	33	34	35	36	37	38	39

8	40

34	41	42	43	44	45	46	47

Chapitre 4

Les anges et les archanges

Les anges et les archanges

Il existe une littérature gigantesque autour de ces entités, notamment depuis la démocratisation de leur présence parmi nous par Doreen Virtue. Je ne reprendrai pas ici l'ensemble de ce qui est dit à leur sujet, mais je vous parlerai plutôt de l'expérience que j'en ai.
En dehors de toute forme de religion, je les perçois comme des énergies émanant directement de la source dont nous sommes nous-mêmes issus. La différence est que, n'ayant jamais été incarnés, ils ne connaissent pas la séparation, ils n'ont jamais eu d'ego et n'ont jamais connu le monde de la sensation. Eux-mêmes ne nous perçoivent pas comme des êtres physiques, mais comme de l'énergie. Ils ne semblent pas « équipés » pour concevoir que nous puissions avoir des obstacles à nos désirs, à nos projets ou à nos souhaits. Ce qui peut parfois nous paraître frustrant car les conseils qu'ils nous prodiguent peuvent nous sembler irréalisables. Pourtant, lorsque nous dépassons nos peurs et que nous nous laissons guider, le résultat s'avère être bien au-delà de nos attentes. Ils peuvent nous aider à comprendre et appréhender des dimensions spirituelles qui pourraient être au-delà de notre entendement sans leur aide.

Leurs noms

Les noms qui leur sont donnés par la tradition judéo-chrétienne tiennent davantage à des qualités qu'à des noms propres (exemple : Raphaël, qui signifie « Dieu guérit »).
Lorsqu'on me demande le nom de l'ange ou de l'archange auquel il faut faire appel quand nous souhaitons leur aide, j'ai l'habitude de dire qu'il n'est pas utile de nous préoccuper du nom exact. Il suffit de diriger notre attention sur ce que nous souhaitons, de poser une intention en somme, et de demander l'aide des anges. Nous pouvons alors être sûrs que la bonne énergie se manifestera à nous pour nous apporter l'aide dont nous avons besoin. Laissez-moi vous raconter une petite histoire qui m'est arrivée et qui aujourd'hui encore me laisse ébahie ! Un matin, je souhaitais entrer en communication avec l'archange que l'on nomme Raphaël. Sans succès. Vexée, j'en ai tiré la conclusion que cet archange ne m'aimait pas. Puéril ! Le jour même de cette réflexion, une amie m'a appelée pour m'inviter au restaurant. Nous nous sommes assises à la terrasse d'un lieu où elle avait l'habitude d'aller. Un adorable serveur nous a demandé si nous souhaitions des rafraîchissements avant de commander notre repas. Il s'en est allé un instant pour revenir placer un papier plié au centre de la table en posant un verre par-dessus. J'ai pris la feuille pour lire ce qu'il contenait et quelle ne fut pas ma surprise d'y découvrir : « Je suis à

votre service. Raphaël. » Après réflexion, j'ai compris que je ne ressentais pas l'énergie de la présence de cet archange car je n'émettais pas la bonne intention. Je voulais juste papoter avec lui alors qu'il me semble à présent que notre intention doit avoir un objet réel, elle doit vibrer à la bonne fréquence pour pouvoir entrer en résonnance avec celle de l'ange auquel nous souhaitons faire appel afin de percevoir sa présence. Ainsi, vous comprenez que le nom que l'on utilise n'est pas important.

Comment manifestent-ils leur présence auprès de nous ?

Les anges, pour nous faire savoir qu'ils sont près de nous, savent remplir nos vies de signes comme des plumes blanches à des endroits inattendus, des pièces de centimes (d'après nombre de témoignages), des inconnus qui viennent nous parler et qui, au milieu de la conversation, prononcent la phrase exacte qui résonnera en nous et nous orientera vers ce dont nous avons besoin. Ils nous donnent envie de nous entourer d'objets qui représentent l'idée que l'on s'en fait en fonction de notre culture. Nous pouvons être habités soudainement d'une sorte d'amour presque inconnu à notre expérience humaine. Un amour qui nous lie à tout ce qui est, qui nous fait oublier nos différences avec l'autre et qui nous donne envie d'aider. Nous pouvons aussi voir du coin de l'œil de petites lumières rondes comme des orbes.

J'ai souvent lu qu'ils étaient non sexués mais je perçois que leur énergie peut être féminine ou masculine. **Lorsqu'elle est féminine**, je me sens protégée et guidée dans ma relation aux autres. Je me sens aimante, généreuse, dans le don. **Lorsque je ressens une présence angélique masculine**, je me sens protectrice, avec l'envie et la force d'aider l'autre, je deviens dynamique, pleine d'idées pour répondre aux interrogations qui me sont faites.

Comme précédemment, je crois que les anges n'ont pas nécessairement besoin qu'on leur demande de l'aide. Leur présence irradie partout, un peu comme le soleil qui brille sur toute la Terre. Une fois que nous avons reconnu leur présence dans notre vie, nous pouvons aisément voir des indices qu'ils sont à nos côtés en tout temps.

Faites connaissance avec les archanges.

Indiquez l'archange correspondant à chaque rôle.

GABRIEL | RAPHAËL | URIEL | JOPHIEL | ZADKIEL | CHAMUEL | MICHAËL

- Il est l'archange de la beauté et des arts. On l'invoque quand on a besoin d'inspiration mais aussi de bonheur, de joie, de rire, de détente. Il sait toujours déposer de belles pensées positives en nous. → ....
- C'est l'archange des relations, en particulier les relations amoureuses. Il est connu pour aider à trouver l'âme sœur. On l'invoque pour guérir les cœurs brisés, arrêter les schémas répétitifs, réparer les blessures d'enfance qui empêchent les relations harmonieuses. → ....
- On l'invoque lorsqu'on a besoin d'être rassuré moralement ou que notre intégrité physique est menacée. C'est l'archange de la protection. Il donne courage et force dans tous les aspects de nos vies. → ....
- Il est l'archange qui vous aidera à retrouver le chemin du rétablissement. Vous pouvez l'invoquer pour tous les maux, qu'ils soient physiques, émotionnels, spirituels. On lui demande de l'aide pour guérir nos liens défectueux, notre passé... Il aide les thérapeutes. → ....
- C'est l'archange de la perspective. Vous serez inspiré de regarder une situation sous tous ses aspects. On peut l'invoquer quand on a une décision à prendre et que l'on a peur d'occulter certains aspects. Il est l'archange de la clarté. → ....
- On l'appelle quand on est en plein de doute et qu'on ne sait plus quel chemin prendre. Il saura faire preuve de créativité pour vous montrer toutes les possibilités qui s'offrent à vous. Il est le protecteur et l'inspirateur des créateurs et chercheurs. → ....
- Il est l'archange de l'élévation non seulement spirituelle, mais aussi intellectuelle, morale, sociale. Il est connu pour nous aider à pardonner à l'autre et à soi, il transforme l'énergie négative en positive. Il apporte noblesse du cœur, tolérance, compassion et justice. → ....

Faites connaissance avec votre archange

En fonction de notre vibration, nos aspirations, notre cœur, nous pourrons ressentir des affinités pour un archange en particulier. Pour moi, il s'agit de l'archange Gabriel. Ma connexion avec lui est immédiate, je sens qu'il m'enseigne, me réconforte, me soutient, m'encourage plus qu'aucun autre archange. Je vous propose à votre tour de connaître l'archange avec lequel la communication sera la plus aisée.
Prenez sept morceaux de papier et notez sur chacun d'eux le nom de l'un des archanges : Chamuel, Gabriel, Jophiel, Michaël, Raphaël, Uriel, Zadkiel.

Pliez soigneusement les papiers, mélangez-les et posez-les devant vous.

À présent, ancrez-vous, respirez, posez un léger sourire sur votre visage. Lorsque vous vous sentez détendu, invoquez la présence des anges : « Chers anges et archanges, je souhaite connaître l'archange dont je suis le plus proche. Je vous remercie de guider ma main afin que je fasse sa connaissance. » Lorsque vous sentez que l'atmosphère a changé autour de vous, même de façon très subtile, prenez l'un des papiers et lisez le nom de votre archange.

Labyrinthe

Exercice pour vous rappeler de faire appel au monde angélique lorsque vous vous sentez bloqué, piégé dans votre vie : les anges et archanges vous donneront le courage de passer à l'action pour changer ce que vous avez à changer car ils vous voient déjà arrivé, déjà dans la lumière, et infusent en vous cette énergie porteuse.

Commencez au point rouge pour retrouver la sortie.

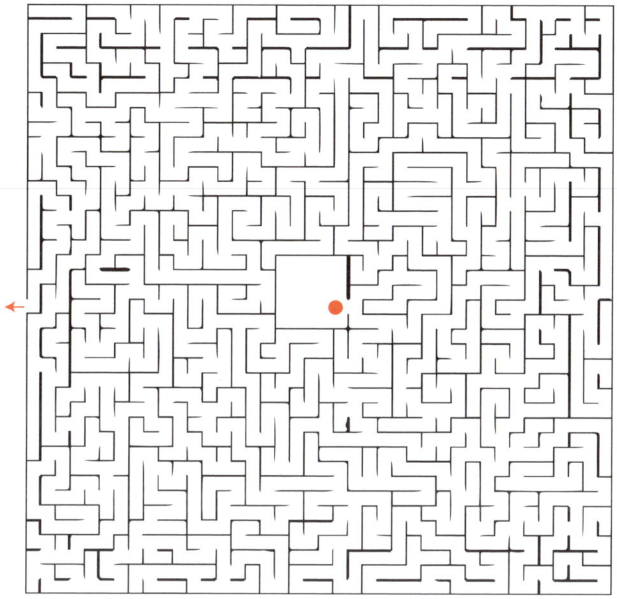

Un archange, une pierre, une couleur

Les couleurs comme les pierres sont porteuses d'un champ énergétique puissant dont l'usage peut nous aider à entrer en contact plus facilement avec les archanges. Si vous avez une sensibilité particulière pour ces éléments, je vous propose d'associer chaque archange à sa couleur et à ses cristaux. Dans la correction, vous trouverez les associations communément admises mais, j'insiste sur ce point, si pour vous l'archange Michael, par exemple, est accompagné de kaki, faites-vous confiance, car c'est ainsi que *vous* reconnaîtrez sa présence. Il n'y a jamais de vérité absolue.

Jophiel	o	o	Couleur : vert émeraude. Pierre : malachite.
Zadkiel	o	o	Couleur blanc : Pierres : cristal de roche et sélénite.
Michael	o	o	Couleur : orange. Pierre : œil de tigre.
Gabriel	o	o	Couleur : rose pâle. Pierres : quartz rose, aqua aura rose.
Uriel	o	o	Couleur : jaune. Pierre : quartz rutile.
Raphaël	o	o	Couleur : bleu roi. Pierre : lapis-lazuli.
Chamuel	o	o	Couleur : violet. Pierre : améthyste.

Chapitre 5

Les guides temporaires

Quand se présentent-ils ?

Ils répondent à l'adage « quand l'élève est prêt, le maître est là ». Ils arrivent dans nos vies lorsque nous avons besoin ou envie d'apprendre un domaine particulier, lorsque nous avons des interrogations spirituelles, quand nous voulons enseigner à d'autres... Je ne les sens près de moi que si je fais une demande précise.
Je dois dire que je ne me suis pas privée de faire appel à ces guides pendant mes études, lorsque je rédigeais des dissertations, par exemple. Jamais ils ne m'ont fait défaut, et leur aide m'a été grandement précieuse car mes travaux étaient toujours bien notés ou remarqués et même lus par mes professeurs devant les autres étudiants. Ils nous permettent d'accélérer grandement nos recherches en nous guidant vers les bons ouvrages, les bonnes personnes, les bons endroits ; ils nous inspirent les mots exacts dont nous avons besoin, quand bien même nous ne savions pas que nous les connaissions (j'ai souvent dû vérifier dans le dictionnaire la signification des termes qui se présentaient à mon esprit avant de remercier ces guides pour leur érudition et leur présence dans ma vie).
Ils peuvent rester à nos côtés quelques minutes ou quelques années. Leur énergie est moins dense que celle de nos aïeux, mais on ressent une sorte de « matérialité » que l'on ne perçoit pas en présence des anges. On peut facilement reconnaître qu'ils ont été incarnés même si l'on pressent qu'ils ne l'ont pas été depuis longtemps. À l'instar des anges, ils ne perçoivent pas les obstacles que nous sommes susceptibles d'éprouver, mais leurs conseils seront tout de même plus « personnalisés » que ceux des anges qui s'avèrent souvent plus universels.

Ils disparaissent de nos vies quand nous ne nous intéressons plus au sujet dont ils sont spécialistes, quand nous avons appris tout ce qu'ils étaient « venus » nous enseigner et que nous pouvons passer à l'étape suivante ; ils cèdent alors leur place auprès de nous à d'autres guides qui nous permettent d'approfondir nos connaissances. Leur focalisation est essentiellement basée sur ce que vous faites. Pourtant, plus vous travaillerez ensemble et plus vous apprendrez à vous connaître et à vous aimer.

Comment manifestent-ils leur présence auprès de nous ?

Il se peut que vous ne sachiez jamais qu'ils sont près de vous. Ces guides ne cherchent pas nécessairement que vous les connaissiez ou reconnaissiez. Leur rôle est essentiellement axé sur votre apprentissage, votre évolution, les réponses à vos questions... Mais dès lors que vous émettez la curiosité consciente de les connaître, ils sauront vous faire comprendre qui ils sont.

Ils interviennent en nous inspirant, en nous donnant des idées nouvelles, en mettant sur notre chemin tout ce dont nous avons besoin pour accroître nos connaissances sur le sujet qui vous intéresse. Il se peut lorsque vous entrez dans une librairie, que votre corps aille de lui-même vers l'étagère où se trouvent les livres dont vous avez besoin.
C'est souvent dans le calme de la nuit, juste avant de nous endormir, que nous sentons notre cerveau se mettre à pétiller de créativité, de nouveaux concepts prendre naissance en nous, des compréhensions soudaines et profondes nous prendre par surprise et nous épater nous-mêmes.
C'est à leur proximité que nous devons ces moments.
Je crois que nous pouvons leur attribuer les changements que nous avons envie de faire dans nos vies, les virages à 180 degrés. Cela est dû au fait que leur présence modifie grandement nos vibrations. Chaque fois que j'ai ressenti l'arrivée d'un nouveau guide, j'ai effectué d'importants changements, comme mon lieu d'habitation, mes centres d'intérêt, certaines de mes fréquentations, ma décoration intérieure, mon alimentation, mon vocabulaire, mes envies vestimentaires... Ces bouleversements de vie ont toujours été enrichissants et m'ont menée exactement là où je devais aller pour continuer de grandir spirituellement.
C'est ainsi que l'une des grandes aides qu'ils nous apportent est d'entrer dans l'acceptation des fins de cycle. Il est difficile pour les humains que nous sommes de dire oui aux fins. Elles sont source de grandes douleurs, de résistance, d'émotions parfois violentes. Demander à ces guides d'entrer dans nos vies à ces moments précis nous permet de devenir avides de nouveauté, d'être pressés de passer à l'étape suivante, de concevoir qu'autre chose est possible. Grâce à eux, le passage d'une aventure à une autre se fait avec plus de douceur et même enthousiasme.

Ce qu'ils nous apportent

Ils nous permettent de dépasser nos filtres : nous voyons le monde à travers notre perspective, notre éducation, notre culture, or cela nous fait passer à côté d'une infinité de possibilités, de réalités, d'expériences. Lorsque nous nous promenons, nous ne voyons que ce que nous connaissons déjà et, quand nous regardons le monde, nous ne faisons que réactualiser ce qu'il y a déjà dans notre tête. La présence de ces guides nous permet de voir en dehors de nos schémas.

Affirmation du jour

J'autorise mes guides à remplir ma vie de joie et de lumière.

Qui est-il ou qui est-elle ?

Vous souvenez-vous de la personne que vous avez choisie pour faire l'exercice « Comment va-t-il/elle » ? Ramenez-la à votre mémoire car, cette fois, au lieu de vous connecter à son énergie du moment présent, je vais vous demander de ressentir sa vibration, sa véritable essence. Pour cela, trouvez un endroit où personne ne viendra vous déranger pendant une dizaine de minutes. Fermez les yeux, prenez une grande respiration : vous savez maintenant vous ancrer en ressentant différentes parties de votre corps. Lorsque vous vous sentez calme, à l'aise et qu'un léger sourire se dessine sur votre visage (signe de grande détente), émettez l'intention de ressentir la vibration originelle de la personne que vous avez choisie et dites son prénom. Demandez l'aide de vos guides : « Mes chers guides, aidez-moi à ressentir la vibration originelle de X. »

Reprenez le processus d'entrée en méditation vu dans l'exercice « Qui êtes-vous ».

- **Voici une liste de mots qui peuvent vous aider à affiner votre ressenti :**

liberté, noblesse, joie, force, courage, droiture, maître, alchimiste, beauté, créateur, père, mère, enseignant, souplesse, bonté, amitié, amour, unité...

Le nom de votre guide temporaire

Nos guides ne répondent pas véritablement à des noms. En tant qu'énergie, ils sont plus porteurs d'une vibration, d'une qualité, et sont reconnus dans le monde spirituel à travers leur fréquence vibratoire. Mais, pour faciliter notre communication, ils pourront se présenter sous l'un des noms qu'ils ont portés au cours de leurs incarnations.

Ici, vous allez apprendre celui d'un de vos guides temporaires.

Vous pouvez choisir un endroit calme ou un endroit plus animé. Si vous avez la possibilité de fermer les yeux, faites-le. Où que vous vous trouviez, respirez amplement pour amener le calme en vous. Émettez l'intention de connaître le nom de votre guide temporaire. Observez vos pensées si vous êtes dans un endroit calme ou mettez-vous à l'écoute de vous-même et de votre environnement, si vous êtes à l'extérieur. Un nom vous est-il venu à l'esprit ? Avez-vous entendu une maman appeler son fils ou sa fille ? Avez-vous soudainement pensé à une personne à laquelle vous n'aviez plus songé depuis des années ? Le visage d'un personnage de film ou d'une personne de votre famille s'est-il présenté à vous ? Quel que soit le moyen que votre guide ait choisi pour se faire connaître à vous, faites confiance à ce que vous avez reçu. C'est la bonne information.

Message de votre guide temporaire

Connectez-vous à votre guide temporaire en pensant à lui et posez-lui une question concernant le domaine de votre vie qui vous préoccupe. Vous pouvez le faire par écrit, tout haut ou intérieurement. Choisissez ensuite la baguette magique qui vous appelle et reportez-vous à la partie Corrigés pour connaître l'une des réponses de votre guide. Ce ne sera que la première parmi tant d'autres.

L'empreinte énergétique de votre guide temporaire

Dans ce jeu, je vous propose de vous exercer à ressentir l'énergie de votre guide temporaire.

Observez votre corps, essayez de mettre des mots sur l'énergie qui vous entoure, soyez simple : ce peut être des mots comme « chaud », « froid », « léger », « dense », « lourd », « rouge »... Observez également vos pensées afin de déterminer ce qui occupe votre tête.
Appelez à présent votre guide par son nom ou en disant : « Cher guide qui m'accompagne en ce moment ? » puis ajoutez « Je souhaite apprendre à identifier ton énergie, peux-tu m'y aider en t'approchant de moi ? ».
À nouveau, observez l'énergie qui vous entoure : sentez-vous une pression de l'air plus intense ? Observez votre dos, le côté droit puis le gauche : sentez-vous une différence, même infime ? Avez-vous des pensées différentes ? Pensez-vous à une couleur particulière ? Un souvenir vous revient-il en mémoire... Quels nouveaux termes avez-vous envie d'utiliser ?

Chapitre 6

Les groupes de consciences

Leur rôle dans nos vies

Sans aucun doute les connaissez-vous déjà : Esther Hicks canalise depuis les années 70 une entité qui se présente sous le nom d'Abraham, parle d'elle-même au pluriel et se définit comme un groupe de consciences.

J'ai envie de mettre dans cette catégorie ceux que l'on appelle aujourd'hui les « maîtres ascensionnés » et les « divinités antiques ».

La raison en est que, lorsque l'on se connecte à leurs vibrations, on ne ressent pas une énergie individuelle mais une sorte de pluralité. D'ailleurs, selon ma propre expérience, ils ne s'adressent pas à nous en tant que personnes uniques mais en tant que groupe humain ; leurs propos sont destinés à l'ensemble plutôt qu'à nous seuls et ce, quelle que soit notre question.

Leur sujet de prédilection concerne notre évolution spirituelle et notre compréhension de l'Univers. Lorsque nous nous connectons à ces énergies, tout devient pour nous sujet d'apprentissage et d'expérience. Bien souvent, ceux d'entre nous qui sont attirés par ces entités ont le désir intérieur d'enseigner, de transmettre et de devenir guides (terrestres) eux-mêmes.

Leur rôle auprès de nous est de répondre à nos questions. Ils ne nous guident pas dans nos choix ou nos difficultés, ils ne nous aident pas de façon concrète, mais ils travaillent à élargir notre conscience. Lorsque j'aborde ces groupes de conscience dans mes ateliers, j'aime le faire par le biais de l'écriture inspirée et, invariablement, les participants s'aperçoivent que leurs écrits sont empreints de sagesse et quittent la vision parfois rétrécie que nous avons du monde. Quand une personne lit son texte à l'ensemble des participants, nous nous sentons tous concernés, touchés ; ce qui est dit parle à tous. Ce sont réellement de merveilleux enseignants.

Ils nous montrent une perspective plus large et nous permettent d'être moins focalisés sur nos préoccupations quotidiennes. Il n'est pas rare qu'à leur contact nous devenions concernés non seulement par le bien de l'humanité, mais par l'Univers tout entier. Nous commençons à ressentir que d'autres êtres existent peut-être sur d'autres planètes, dans d'autres univers. Nous prenons conscience de la véritable signification du fameux « Nous sommes tous Un » qui reste à l'état de mots tant que nous n'avons pas fait l'expérience profonde d'une communion avec toute la création sans que le mental n'établisse la moindre différence ou hiérarchisation.

Ce qu'ils nous apportent

Méditer en se connectant à ces énergies par l'intention nous permet de ressentir notre être au-delà de notre corps, de la matière, de faire l'expérience de notre énergie pure sans

l'entrave de la matière. Nous pouvons même ressentir nos vibrations ainsi que celle des murs qui nous entourent, du sol qui nous porte, et nous comprenons alors que rien n'est séparé de rien.
Pour entrer en relation avec ces consciences, il me semble nécessaire d'accepter qu'il n'existe aucune vérité absolue et que nous ne savons rien ; il nous faut rester ouverts à toute potentialité, à toute information aussi éloignée de nous qu'elle puisse être. Nous devons être prêts à élargir notre champ des possibles et à voir nos certitudes bouleversées et, en réalité, de n'en avoir aucune.
On appelle souvent ces entités « êtres de lumière » précisément parce qu'elles éclairent ce qui est sombre, notamment nos idées sur ce que devrait être ou ne pas être le monde, nos jugements sur lui, notre façon d'observer à travers nos filtres et notre conception de la réalité. L'avantage de cette conception du monde est que cela nous sert dans notre vie de tous les jours autant que dans notre évolution spirituelle. Nous apprenons à recevoir l'autre dans tout ce qu'il est, sans jugement, sans dévaloriser ou survaloriser ce qu'il est, fait ou dit.
Leur proximité vibratoire nous pousse à être de meilleurs êtres humains – et ce n'est pas forcément ce que nous pensons. Leur contact est toujours encourageant pour la race humaine, aidant, porteur d'espoir et de compréhension tellement profonde qu'elle semble presque entrer dans chacune de nos fibres et cellules.
Ceux qui s'intéressent à l'histoire des civilisations passées ressentent une forte proximité avec ces groupes de consciences et, à force de se connecter à elles, apprennent à recevoir des informations de plus en plus précises et tout à fait étonnantes.

Comment manifestent-ils leur présence auprès de nous ?

Pour tout vous dire, avant que les mots ne s'écrivent, je ne savais pas encore ce que j'allais dire de ces consciences. Je suis moi-même étonnée de la tournure que ce chapitre a prise. D'un seul coup, je me suis sentie entourée d'une atmosphère sérieuse avec une pointe de majesté, de grandeur, mais aussi de grande fraternité comme si tout ce qui est avançait main dans la main.

Contrairement à nos ancêtres et aux anges que j'aborde dans ce cahier, j'ai l'impression qu'il nous faut faire un peu plus d'efforts pour entrer en communication avec ces êtres. Mais, une fois que le contact est établi, la densité de l'air change, elle est plus épaisse et lourde ou plutôt puissante. Le temps de la communication, surtout quand elle se fait par le biais de l'écriture inspirée, nous avons l'impression de changer, de prendre plus d'espace énergétiquement et presque physiquement, de nous densifier. Nous avons le sentiment intérieur d'accéder à une forme de sagesse universelle. Le passé, le présent et le futur ne font qu'un lorsque nos énergies entrent en résonance avec les leurs. Tout est maintenant. Leur présence est si puissante qu'elle ne laisse pas la place au doute. Nous savons qu'ils sont « là ».

Quiz : « Qui vous accompagne ? »

Ce quiz est fait pour vous orienter, vous permettre de vous poser des questions aidantes, de prendre conscience de la façon dont les guides interviennent pour se faire connaître à vous. Restez accroché à votre intuition et à votre ressenti pour savoir qui sont vos guides. Vous êtes le seul maître en ce domaine.

De 3 à 1, indiquez le chiffre qui vous paraît juste puis reportez-vous à la partie Corrigés pour avoir une idée de qui sont vos guides.

3 : Oui ! C'est tout moi ça !!
2 : Oui, ça peut m'arriver.
1 : Bof ! Je ne me reconnais pas trop.

1. Je ne supporte pas l'usage de produits chimiques, plus de ça chez moi !
2. Je regarde souvent le ciel, la forme des nuages, ça m'apaise et me reconnecte.
3. Je ne l'ébruite pas trop mais j'adore les séries et les films de super-héros.
4. La ville m'épuise, je n'ai plus aucune énergie quand je suis entouré de murs.
5. Je rêve de tout plaquer pour ne vivre et ne m'occuper que de ma passion.
6. Dès que j'apprends un nouveau truc qui révolutionne mon monde, j'ai envie d'en parler à tout le monde.
7. Je n'ai pas le cœur à me séparer des objets qui ont appartenu à mes chers disparus.
8. Pendant les repas de famille, j'adore écouter les histoires du passé, c'est comme si ça me réconciliait avec quelque chose en moi.
9. Mon weekend idéal ? Une balade en forêt, et je prends soin de m'éloigner des sentiers par lesquels tout le monde passe.
10. Je crois fermement dans les vies passées et je pense avoir vécu dans l'Atlantide et les cités aujourd'hui disparues.
11. J'ai l'impression d'avoir une mission de vie importante et je ne parviens pas à penser à autre chose.
12. Je sens mon cœur littéralement gonflé de joie et d'amour quand je vois quelque chose de joli.
13. Quand je m'intéresse à quelque chose de nouveau, j'y vais à fond et j'oublie tout le reste.
14. Dès que je pense à mes proches disparus, je me sens rempli d'amour pour eux.
15. J'achète tout en vrac, je m'oriente vers le zéro déchet.
16. J'observe beaucoup, j'ai l'impression que tout est sujet d'apprentissage pour moi.
17. Je m'intéresse à tout, je n'ai pas de sujet de prédilection.
18. J'aime les matières naturelles, j'essaie de dénicher de la déco en matière brute et de seconde main.
19. Sans que je ne sache pourquoi, je me sens parfois rempli d'amour et je souris.

20. Je me sens souvent observé, j'ai l'impression de ne pas être seul chez moi.

21. J'ai toujours l'impression de savoir ce que mes proches disparus pensent de ma façon de vivre.

22. Je me sens concerné par les problèmes écologiques.

23. Je suis la première personne que mes amis appellent quand ils ont un problème.

24. Je ne me sens pas très à l'aise quand je ne suis pas en train de faire ce que j'ai prévu de faire.

25. J'ai l'impression qu'une partie de mon cerveau est en permanence en train de réfléchir à des trucs spirituels, des notions scientifiques. Même quand je prends l'apéro avec mes amis.

26. Quand je suis en période de création, j'ai l'impression d'entrer en transe ou en méditation.

27. Un rien peut m'attendrir : un bébé dans sa poussette, une belle géode, un caillou en forme de cœur, le mot « amour » écrit à la craie sur un trottoir.

28. Je m'intéresse énormément aux soins et aux modes de vie du passé, comme les esséniens ou les Incas, par exemple.

29. Dans ma tête, je parle beaucoup à mes chers disparus. J'adore leur raconter ma vie.

30. J'ai besoin d'une décoration très épurée chez moi.

Reportez en face de chaque numéro d'assertion le chiffre de 3 à 1 qui vous semble le plus juste (rappel : 3 : Oui ! C'est tout moi ça !! – 2 : Oui, ça peut m'arriver. – 1 : Bof ! Je ne me reconnais pas trop) et consultez la partie Corrigés pour déterminer votre guide de prédilection actuel.

	A		B		C		D		E
2		3		5		7		1	
12		6		11		8		4	
19		10		13		14		9	
23		16		24		20		15	
27		17		26		21		18	
30		25		28		29		22	
Total									

Affirmation du jour

La présence de mes guides spirituels ouvre ma conscience à d'infinies possibilités.

Chapitre 7

Les esprits de la nature

Un lien entre la nature et nous

J'ai toujours éprouvé une sympathie particulière pour la salamandre. J'aime le fait qu'elle représente la force du feu, la force créatrice, le feu intérieur, celui de la Terre et celui de l'Homme, l'illumination, l'éveil. Et le « hasard » de la vie m'a menée vers la maison que je viens d'acquérir et dont le nom de rue comporte le mot « salamandre » !

Aussi appelés « élémentaux » ou « petit peuple », les esprits de la nature emplissent les légendes et l'imaginaire du monde entier. Beaucoup témoignent les avoir vus personnellement et je crois que leur fréquence vibratoire, très proche de la nôtre, rend possible cette capacité.

Plus de 60 % des Finlandais croient en leur existence, et il n'est pas rare que le tracé des routes fasse des détours absolument illogiques afin de préserver leur habitat. Je trouve cela absolument merveilleux !

Je ne peux pas dire que les esprits de la nature soient des guides à proprement parler, mais leur proximité peut grandement influencer notre désir de prendre soin de la nature, de manger sainement, de vouloir transmettre à notre descendance une Terre propre et accueillante. Ceux d'entre nous qui vivent dans la nature et qui sont proches de ces petits êtres se sentent inspirés par les remèdes à base de plantes. Les « élémentaux » me semblent, comme nous, dotés d'un ego, aussi sont-ils susceptibles d'être à cheval sur certaines règles de bienséance. Un de mes amis vivant près de la forêt de Brocéliande m'a raconté qu'il demande toujours la permission avant de traverser les endroits qu'il croit habités par de petites fées et des gnomes. Il leur fait des offrandes sous forme de miel, de fruits bios et parfois même de petits objets brillants pour les fées.

Les esprits de la nature et les éléments

Ils sont catégorisés à travers les quatre éléments.

- Pour l'Air, nous trouvons les sylphes, les fées et les elfes.
- Pour l'Eau, ce sont les ondines, les nymphes, les sirènes et les licornes.
- Pour la Terre, on aura les gnomes, les lutins et les trolls.
- Et, pour le Feu, les salamandres, les feux follets et les fées du Feu.

Leur rôle parmi nous

Ils sont considérés comme les protecteurs de la nature et de toute forme de vie en général. Les gnomes, par exemple, sont réputés pour s'occuper des racines des arbres, les sylphes purifient l'air que nous respirons, les fées s'occupent des végétaux…

Ils participent ainsi à l'équilibre des quatre éléments sur Terre et peuvent travailler avec ceux d'entre nous qui sont attirés par la guérison holistique pour rééquilibrer les quatre éléments en nous. Si vous êtes ou vous sentez guérisseur, demandez aux esprits de la nature d'intervenir pendant vos séances. Ils sont aguerris à la réparation énergétique de leur environnement et savent repérer les déséquilibres qui occasionnent nos maux. De surcroit, vous vous sentirez plus ancré, plus proche de la Terre pour retrouver une forme plus instinctive et intuitive de guérison et sortirez ainsi des protocoles pour être pleinement centré sur les besoins de la personne dont vous vous occupez.

Comment manifestent-ils leur présence auprès de nous ?

Bien plus capricieux que les entités que nous avons abordées jusqu'à présent, nous devons être particulièrement patients avant que les esprits de la nature ne se manifestent à nous. Leur énergie est joyeuse, chantante, espiègle. Lorsque vous ressentez votre cœur s'alléger et votre visage sourire en vous promenant dans la nature, il y a de fortes chances que vos énergies se soient connectées à celles des esprits de la nature. Si l'on a gardé une âme d'enfant ou si l'on aime rire, courir comme quand on avait cinq ans, ils seront irrésistiblement attirés par notre énergie et auront envie de se faire connaître à nous.

Mots croisés

Retrouvez le nom des fées célèbres qui peuplent notre imaginaire.

1. Bien que toute mignonne, cette petite fée vêtue de vert n'en fut pas moins une amoureuse jalouse au point de vouloir la mort de sa rivale.
2. Tantôt guérisseuse, tantôt faisant un usage maléfique de la sorcellerie, elle fut l'élève de Merlin.
3. On ne lui connaît pas de prénom, mais on connaît son lien de parenté avec la princesse déchaussée.
4. Rancunière et vengeresse, on la connaît aussi sous le nom de « Maléfique ».
5. C'est la fée qui prêta vie à Pinocchio.
6. Pour Shakespeare, c'est la Reine des fées et du « petit peuple ».
7. Vivant dans la forêt de Brocéliande, elle éleva Lancelot du Lac et fut la protectrice d'Arthur.

Défi

Aujourd'hui, faites une offrande de votre choix aux fées et demandez leur de faire entrer la magie dans votre vie.

Mots mêlés

Faites connaissance avec le monde passionnant des esprits de la nature en retrouvant leurs noms dans cette grille.

ELFE
GÉANT
LUTINE
SALAMANDRE
VOUIVRE
FAUNE
GNOMIDE
NYMPHE
SIRÈNE
FÉE
LICORNE
ONDINE
SYLPHE

W	J	S	J	D	X	G	E	M	Y	B	A	C	V	L	R	P	V	K	Y
E	N	È	R	I	S	É	É	O	U	X	J	X	A	O	F	B	R	E	A
X	V	G	T	E	D	A	F	J	W	O	T	T	L	A	U	M	X	X	Y
S	A	J	F	R	T	N	D	S	Z	R	N	K	U	S	M	I	S	R	H
T	J	C	U	D	C	T	G	D	C	W	L	N	T	X	I	T	V	U	W
N	O	P	F	N	O	M	M	T	V	D	E	B	P	Y	N	H	N	R	J
O	P	M	F	A	X	Y	A	A	E	F	N	Q	J	S	N	I	S	C	E
O	G	S	H	M	N	C	W	A	X	N	Y	Q	T	D	Z	K	J	T	G
B	S	H	H	A	X	P	C	R	L	V	R	E	Z	J	J	W	A	X	R
M	V	H	M	L	C	S	Y	L	P	H	E	O	W	T	F	S	O	Z	E
E	P	Z	B	A	M	O	I	Q	T	K	R	S	C	R	J	X	N	F	B
X	D	S	R	S	D	U	R	X	E	E	A	W	H	I	C	Q	M	D	E
H	W	I	Y	Q	R	T	L	C	H	Y	V	Y	O	W	L	I	F	I	W
M	A	S	M	N	A	P	D	P	J	Z	R	G	J	K	U	J	L	B	B
F	T	U	R	O	U	H	M	D	F	F	L	L	M	O	G	X	G	B	L
W	A	T	A	Q	N	Y	T	J	S	H	Y	X	S	Y	E	R	F	E	U
C	E	C	E	S	N	G	K	E	R	H	G	A	H	Q	Q	X	B	L	T
P	V	L	S	N	K	H	Y	V	K	I	S	U	H	R	Z	D	P	B	I
G	F	T	X	Q	Q	U	D	H	E	L	Y	K	E	O	H	P	B	R	N
E	N	I	D	N	O	P	P	C	H	H	C	R	E	O	S	U	V	J	E

Chapitre 8

Les guides et nous

Laissez-les faire !

On me demande souvent comment je sais que mes guides m'entendent, comment je sais qu'ils vont m'aider, comment savoir si c'est bien eux qui agissent... D'où le besoin incessant de signes !
À ces questions, j'ai simplement envie de répondre que la meilleure façon de vivre sa vie en étant guidé et soutenu est de laisser faire ses guides. Même si cela est difficile pour notre mental et son irrépressible besoin de contrôle, il convient de lâcher prise sur le comment : n'exigez pas de comprendre sous quelle forme vous serez aidé ni comment ils vont procéder.
Ce n'est pas le fait de « savoir » qui fait de nous des créatures intelligentes, mais bien le fait de nous poser des questions. Ce ne sont pas les réponses qui créent, ce sont les questions.
C'est parce que nous posons les questions que les réponses existent. Focalisez votre attention sur la certitude intérieure que vous obtiendrez tôt ou tard la réponse à vos attentes et observez les miracles quotidiens.

Combien avons-nous de guides ?

Voici une autre question récurrente lorsqu'on s'intéresse au monde invisible : « Dis-moi combien j'ai de guides. » Le monde de l'esprit étant illimité, pourquoi alors accepter les limites de notre mental ? Je crois que nous pouvons avoir autant de guides que nous en avons besoin ou que nous le souhaitons.
Nous vivons dans un monde où il est difficile de demander de l'aide, nous apprenons que nous devons nous débrouiller seuls, aussi observons-nous le monde spirituel à travers ce filtre mental. Or nous pouvons considérer ainsi l'aide qu'ils nous apportent : lorsque nous émettons une intention consciente, un besoin précis, une question, nous émettons une vibration, cette vibration entre en résonance avec la vibration qui peut répondre à notre besoin et, dès lors que les deux énergies entrent en contact, nous avons accès à la sagesse et au savoir des guides porteurs de cette vibration. Ils n'ont pas besoin d'effectuer un déplacement physique pour nous aider. Aussi vous ne pouvez pas les déranger.
Maintenant que cela est posé, il reste vrai que le nombre de guides qui nous accompagnent dépend de notre personnalité et de nos centres d'intérêt. Une personne qui se posera énormément de questions sur la vie, sur l'Homme, sur le monde invisible ou sur la littérature, les sciences... aura tendance à voir ses énergies se remplir de plus en plus de présences autour d'elle.

Le nom de vos guides

Nous verrons dans les exercices des façons de connaître le nom de vos guides, mais comme nous l'avons déjà abordé, le nom est plus important pour nous que pour nos guides. En effet, ils répondent à nos vibrations, aux vibrations que nos pensées et émotions émettent, non aux mots que nous prononçons véritablement. N'étant pas encore capables de communiquer énergétiquement avec tout ce qui est, nous avons besoin de nommer pour focaliser notre attention.

Peut-on avoir une célébrité en guise de guide ?

Oui ! Nombreux sont ceux qui ont l'impression de ressentir les énergies d'une personne célèbre à leur côté et s'auto-censurent en se disant que ce n'est pas possible, qu'une célébrité ne peut pas « s'abaisser » à communiquer avec eux. Cette pensée peut être valable dans notre monde de la séparation mais, dans celui de la vibration, il suffit d'émettre une intention suffisamment focalisée et forte pour entrer en résonance avec la vibration qui correspond à la fréquence que nous émettons.

Je l'ai déjà dit, mais je me répète car c'est une clé importante pour libérer notre mental de son enfermement vis-à-vis du monde de l'esprit : il est difficile pour notre cerveau de se départir de la matérialité, de la corporalité. Nous imaginons nos guides faisant les mêmes choses que nous mais ailleurs, en haut, vivant dans la temporalité, ayant le même système de pensée que nous mais nous sommes avant tout de l'énergie qui vibre et qui communique avec tout ce qui est en permanence. Mais plus nous entrons en contact avec un ou des guides et plus nous nous rendons compte qu'ils ne répondent absolument pas à nos règles spatiotemporelles.

Rôle de votre guide dans le moment présent

En ce moment même, un guide est particulièrement proche. Découvrez sa nature et son rôle près de vous en vous munissant des 22 arcanes majeurs d'un jeu de tarot. Battez-le en inspirant profondément puis prenez-le entre vos mains, fermez les yeux et dites intérieurement : « Cher guide, je souhaite connaître ton rôle auprès de moi. Quelle qualité viens-tu m'aider à incarner ? Quel soutien viens-tu m'apporter ? Je te remercie. »
Focalisez un instant votre intention sur le jeu puis tirez une carte en vous sentant ou en vous imaginant connecté à votre guide. En observant la carte tirée, tentez de comprendre la nature de votre guide ou reportez-vous à la partie Corrigés pour vous inspirer.

Affirmation du jour

La guidance spirituelle m'est parfaitement naturelle, je n'ai aucun effort à faire.

Qui vous parle ?

Je vous propose dans cet exercice de réviser les énergies des différentes formes de guidance vues dans ce cahier jusqu'à présent afin de vous familiariser avec elles.
En fonction de leur nature, reliez chaque réponse possible des guides aux différentes questions suggérées.

Comment vivre dans l'abondance ?

Ancêtre éloigné	○ ○	L'abondance se crée par la pensée. Pense à elle, vis-la, sens-la, et il ne tardera pas le temps où tu la verras remplir ta vie.
Le monde magique des fées	○ ○	L'abondance, tu verras, c'est l'amour des tiens. Il n'y a que cela qui restera un jour.
Archange Michaël	○ ○	L'abondance ne se trouve pas dans les livres ni dans les paroles de ceux qui la vendent. Elle demande responsabilité, action, partage et vision.
Grand-père	○ ○	Ne vois-tu pas l'abondance autour de toi, les milliards d'étoiles, l'infinité des océans ? Promène-toi dans un jardin et essaie de compter les brins d'herbe. L'abondance est là, partout, allège ton cœur !
Serapis Bey, maître ascensionné	○ ○	L'abondance, tu la trouveras dans ton cœur quand tu commenceras à accomplir ce qui t'anime profondément !

Est-ce que tout le monde peut recevoir de la guidance ?

Ancêtre éloigné	o	o	La forme de guidance que nous offrons est puissante, elle demande de l'attention et le souhait de transmettre à tous nos paroles de sagesse.
Le monde magique des fées	o	o	Oui.
Archange Raphaël	o	o	Je suis près de toi, tout le temps !
Grand-mère	o	o	Si, dans ton imagination et dans ton cœur, tu sens que nous existons et que nous sommes tes amis, alors pourquoi ne pourrais-tu pas être guidé ?
Pallas Athéna, maître ascensionné	o	o	La guidance est offerte à chaque instant, chaque pensée, chaque interrogation. Accepte de la recevoir en clarifiant tes attentes, focalise ton attention, sois présent à notre énergie.

Votre meilleur ami

S'il est vrai que nous pouvons avoir un très grand nombre de guides, beaucoup témoigneront qu'ils entretiennent des liens forts avec un guide en particulier. C'est ce guide que nous allons apprendre à connaître, car il sera pour vous un compagnon de tous les instants.
Choisissez un moment et un endroit où vous ne serez pas dérangé. N'hésitez pas à allumer une bougie, de l'encens, à tenir une pierre dans votre main. Commencez par vous ancrer.
Par l'imagination, rendez-vous dans l'endroit où vous rêvez d'être. Faites en sorte qu'il soit vraiment au calme, comme au sommet d'une montagne, dans une forêt reculée ou dans le désert, sur une barque au milieu de la mer, sur la lune. Laissez votre imagination vous guider dans l'endroit parfait pour faire une rencontre importante. Une fois que vous avez l'impression d'y être, asseyez-vous sur un banc, par terre, ou à tout endroit qui vous apparaît sur votre écran mental, et émettez l'intention de vibrer à la même fréquence que votre endroit idéal. Il n'y a rien à faire, faites confiance à votre cerveau pour faire le nécessaire.
Quand vous vous sentez en harmonie avec l'énergie environnante, dites par exemple : « Cher ami guide, j'ai très envie de faire ta rencontre, facilite-moi ton accès afin que je te reconnaisse. » Vous pouvez tout à faire utiliser la formule qui vous semble la plus appropriée.
Imaginez, ressentez ou voyez sur votre écran que votre guide s'approche et s'assoit près de vous. Son énergie est-elle féminine ou masculine ? Ce guide est-il jeune ou moins jeune ? Quelle est sa coiffure ? Comment sont ses vêtements ? A-t-il une voix grave ou toute douce ? Vous sourit-il ? Son énergie est-elle calme ou animée ? Demandez-lui de vous inspirer un maximum de détails. Ayez confiance dans tout ce qui vous vient à l'esprit car c'est juste.
Si vous ne voyez ou n'imaginez qu'un objet ou un arbre ou le soleil..., c'est votre guide qui vous donne des indices sur sa nature et ses qualités. Posez-lui des questions et mettez-vous en état réceptif pour déceler, capter les réponses. Entre autres questions, n'hésitez pas à lui demander son rôle auprès de vous.

Chapitre 9

Entrez en contact avec vos guides

Des échanges énergétiques

Lorsque nous communiquons avec une personne, nos corps restent à une certaine distance l'un de l'autre et nos bouchent émettent des sons qui, assemblés, forment des mots rendant la pensée de chacun compréhensible à l'autre. Nous percevons rarement qu'autre chose se produit au moment où nous parlons alors qu'en réalité, lorsque nous avons une interaction verbale avec une personne, nos énergies se trouvent dans le même champ vibratoire : elles s'entremêlent et nous offrent d'autres informations plus subtiles que nos mots. Malheureusement, nous n'avons pas vraiment l'habitude d'observer ou de conscientiser ce phénomène. Sans que nous ne nous en rendions compte, cet enchevêtrement énergétique nous influence et amène de nouvelles pensées et réflexions, de nouvelles idées et envies... N'avez-vous jamais remarqué que, lorsque vous rencontrez une personne pour la première fois, de nouvelles pensées, très nombreuses, vous viennent à l'esprit ?

Il en va de même de notre communication avec nos guides : lorsque nous entrons en contact avec eux, l'échange énergétique qui se produit occasionne de nouvelles idées, nous inspire, nous pousse à agir différemment. Parfois, vous ne percevrez pas leur présence à vos côtés, mais vous aurez soudainement envie de faire une chose à laquelle vous n'aviez pas songé quelques instants auparavant. Cela peut occasionner de la frustration, car il est possible que vous vous demandiez toujours si les nouvelles pensées qui surgissent en vous viennent de vos guides ou de votre mental.

Si tel est le cas, les cartes d'oracle et l'écriture inspirée peuvent vous être d'une grande aide.

Les cartes d'oracle

C'est un très bon moyen, qui plus est très rapide, pour trouver la confiance nécessaire dans le fait que vous êtes entendu, écouté et aidé.

Choisir vos cartes

Pour choisir le ou les oracles parmi les innombrables qui existent, vous pouvez aussi faire appel à vos guides tout simplement en leur disant : « Mes guides, aidez-moi à trouver l'oracle qui résonne le mieux en moi en ce moment » puis, que vous soyez dans un magasin ou sur votre site d'achat préféré, laissez vos yeux se promener sur les photos des boîtes, les noms des jeux et, dès que vous vous sentez attiré par l'un plus que les autres, ou si vos yeux s'attardent plus longtemps sur un titre, c'est le bon. Parfois, certains ne ressentent rien et ne savent pas ce que cela fait de se sentir appelé par une chose. Le choix peut alors devenir très mental car ils auront envie de lire les avis des autres utilisateurs, les explications sur le contenu du jeu, etc. C'est souvent ainsi que l'on se retrouve avec un oracle qui ne sera jamais utilisé. Pour savoir si un oracle est fait pour vous, restez bien dans votre corps lorsque vous promenez votre regard sur les jeux, observez les moindres changements en vous. Peut-être vos yeux vont-ils se plisser légèrement, ou allez-vous sentir votre gorge déglutir ou avoir une sensation nouvelle dans le ventre, sourire un peu ou encore vous sentir comme devant une part de gâteau au chocolat. Ce petit exercice vous permettra d'aguerrir votre intuition plutôt que d'opter pour un oracle choisi par d'autres. Nous verrons dans les exercices comment utiliser vos cartes pour recevoir des messages de vos guides.

L'écriture inspirée

Ayant proposé ce moyen d'entrer en communication avec nos guides un très grand nombre de fois, je tire les conclusions suivantes :

- Plus les phrases sont alambiquées, plus ce qui s'écrit vient du mental, notamment de ce que l'on appelle l'« ego spirituel ». Le monde spirituel aime la simplicité. Les guides vont droit au but, les paroles sont efficaces.
- Lorsque nous relisons ce que nous avons écrit aux autres ou à soi sous l'inspiration de nos guides, nous sommes emplis d'émotion, d'amour et d'une sorte de certitude que les mots viennent d'ailleurs.
- Il n'y a jamais de jugement ni sur soi, ni sur les autres. Le discours est toujours aidant. Nous ne sentons pas de séparation entre les guides et nous, entre nous et les autres.
- Après cette interaction, nous nous sentons bien, réconfortés, encouragés. Même si nous n'obtenons pas nécessairement les réponses que nous aurions souhaitées, nous nous savons aimés et soutenus.
- Les réponses vont souvent dans une direction à laquelle nous n'avions pas songé ou que nous ne comprenons pas. Nous devons alors nous rappeler que notre perspective est moins large que celle de nos guides et que nous ratons souvent nombre d'aspects d'une situation. Même si nous ne comprenons pas toujours ce qui est écrit, relire nos notes après plusieurs jours aura souvent pour effet d'éclaircir complètement les messages de nos guides.

Qu'ai-je besoin de savoir aujourd'hui ?

C'est l'une de mes questions préférées. Je la pose presque tous les jours et je laisse la réponse obtenue infuser tout au long de la journée. Le soir, avant de me coucher, je repasse ma journée à la lumière de cette question et de ses multiples réponses et je m'endors riche de ces nouveaux enseignements.

Pour cet exercice, rendez-vous devant votre bibliothèque (ou dans une librairie) et demandez intérieurement à votre guide : « Cher guide (ou nommez-le si vous connaissez son nom), peux-tu me dire ce que j'ai besoin de savoir aujourd'hui ? » Laissez-vous ensuite appeler par un livre, fermez les yeux, ouvrez le livre sur une page au hasard, posez votre doigt où vous le sentez. Votre réponse est le mot, la phrase ou le paragraphe sur lequel votre doigt s'est posé. Si vous avez l'impression que ça ne se rapporte à rien de particulier dans votre vie, laissez la journée ou la nuit se passer, vous y verrez plus clair après quelques heures.

....

....

Qu'est-ce qui a besoin d'attention en moi ?

Voici une autre question que j'aime poser. Cette fois, je vous propose d'utiliser l'oracle de votre choix. Demandez à votre guide : « Cher guide, qu'est-ce qui a besoin d'attention en moi aujourd'hui ? » puis battez vos cartes jusqu'à ce que l'une d'elles tombe ou se retourne. Lisez la réponse et méditez dessus quelques instants en vous sentant connecté à votre guide. Si la réponse n'est pas suffisamment claire, regardez l'image sur la carte, laissez vos yeux se poser sur un élément en particulier et voyez en quoi il symbolise le message de votre guide.

....

....

Établissez un lien émotionnel avec votre guide.

Les humains que nous sommes ont besoin de faits marquants, d'étapes de vie pour créer des liens profonds. Pour établir un tel lien avec l'un de vos guides, celui de votre choix (votre meilleur ami, un grand-parent, un ancêtre...), je vous propose de faire une petite cérémonie en son honneur. Vous pouvez, par exemple, vous munir d'une bougie d'une couleur tendre comme le mauve, le rose ou même le blanc – n'hésitez à prendre le temps pour trouver cette bougie, la cérémonie n'en sera que plus intense –, d'encens dont vous aimez particulièrement l'odeur, d'une fleur fraîche, d'une pierre, d'une carte d'oracle...

Trouvez un endroit calme dans lequel vous disposerez joliment les objets que vous avez sélectionnés. Asseyez-vous et fermez les yeux pour méditer quelques minutes en prenant de profondes respirations pour calmer votre mental. Lorsque vous vous sentez détendu, ouvrez les yeux, allumez votre bougie puis votre encens en les dédiant à votre guide : « Cher guide, j'allume cette bougie et cet encens en ton honneur car je sais que tu as mon bien à cœur et que tu me viendras en aide chaque fois que j'aurai besoin de toi. » Ajoutez tout ce que vous sentirez ou dites la formule de votre choix. Refermez les yeux et ressentez la présence de votre guide. Parlez-lui intérieurement et voyez si de nouvelles pensées se font jour

en vous ou prenez une carte d'oracle pour connaître son message. Soyez certain qu'il saura manifester sa présence auprès de vous.

....

....

Défi : retrouver un objet perdu

Demandez à une personne de cacher un objet dans un endroit facile d'accès – si vous êtes comme moi, vous n'avez même pas besoin de demander ce service à quelqu'un puisque je me retrouve à devoir chercher mes objets plusieurs fois par jour !
Demandez à votre ou à vos guide(s) : « Cher(s) guide(s), aide(z)-moi à retrouver tel objet. » Ensuite, ne faites plus rien, vaquez à vos occupations. Vous verrez que votre corps se dirigera précisément vers l'endroit où se trouve l'objet caché ou perdu, ou que votre tête se tournera vers celui-ci.

....

Écriture inspirée

Munissez-vous de trois feuilles de papier, d'un stylo dont la bille glisse facilement et installez-vous confortablement dans une pièce où vous aurez peut-être allumé une bougie et fait brûler de l'encens pour ajouter un caractère un peu sacré à cette expérience.
Avant de commencer, ancrez-vous et prenez trois profondes respirations sonores en faisant résonner l'air au fond de votre gorge.
Sur la première feuille, notez le nom d'un guide familial, celui de l'un de vos grands-parents ou d'un ancêtre éloigné (il est possible que vous ne connaissiez pas son nom : si vous vous sentez profondément connecté à lui, écrivez simplement « cher ancêtre »).
Sur la deuxième, notez le nom d'un groupe de consciences sous la forme d'un maître ascensionné (exemples : Pallas Athéna, Saint-Germain, Horus).
Choisissez un archange et notez son nom sur **la troisième feuille**.
Vous pouvez poser la question de votre choix, mais faites en sorte qu'elle soit ouverte, c'est-à-dire que la réponse n'appelle ni un oui ni un non.
Prenez la première feuille, relisez votre question puis regardez longuement le nom de votre guide familial, sentez ou imaginez sa présence à vos côtés. Sentez ou imaginez que vos énergies se connectent aux siennes. Puis commencez à écrire par exemple : « Cher..., apporte-moi ta sagesse sur ce sujet. J'aimerais ton aide pour répondre à cette question... » Continuez d'écrire ce qui vous passe par la tête jusqu'au moment où vous sentez un changement énergétique. Il se peut que vous commenciez à écrire des mots différents des vôtres. Notez toutes les pensées qui vous traversent. Répétez ce processus avec les deux autres guides.
Vous pouvez écrire des phrases entières ou quelques mots. Vous pouvez avoir envie de dessiner ou de gribouiller. Laissez faire cette expérience et retentez-la souvent. Cette forme de communication est très puissante : elle apporte des réponses précises et profondément aidantes. Vous constaterez que vous n'obtiendrez pas le même genre de réponse en fonction des guides.

Chapitre 10

Différence entre l'intuition et l'intervention des guides

Il me semble particulièrement important de consacrer un chapitre à ce sujet, car il n'est pas rare que j'entende certaines personnes me dire : « Je n'aurais jamais dû faire confiance à mes guides. Je les ai écoutés et ça a échoué » ou « ça n'a pas marché ».
L'adversité n'est pas perçue par nos guides de la même façon que nous. Ce qui, pour nous, peut avoir un goût de défaite ou de perte peut représenter, pour eux, une véritable chance de grandir humainement et spirituellement, d'apprendre sur nous ou sur une situation à venir dans laquelle nous aurons besoin des compétences acquises grâce à cet échec.
En apprenant à faire la différence entre ces deux voies et voix possibles, nous pouvons faire des choix conscients en fonction de nos besoins du moment.

La voix de l'intuition

Notre intuition est un sens à part entière. C'est justement elle qui nous permet de percevoir les changements énergétiques qui surviennent lorsque d'autres fréquences entrent dans notre champ vibratoire. C'est elle qui nous transmet les informations subtiles du monde extérieur, qu'il soit physique ou spirituel. Notre intuition est notre instrument de guidance intérieure. Elle porte notre énergie, notre empreinte ; elle est nous.
Ainsi, le point de départ des informations reçues par notre intuition, c'est nous et notre corps.

La voix de nos guides

Un guide, lui, nous donne un point de vue extérieur.
Imaginons que nous rencontrions une personne avec laquelle nous n'entrons pas en résonance pour une raison ou une autre. Si nous interrogeons nos guides, il se peut tout à fait qu'ils considèrent que le contact avec cette personne nous apprenne quelque chose sur nous, que cette rencontre ne soit pas due au hasard et qu'elle nous apportera beaucoup. Dans ce cas, qui écouter ? Notre intuition ou nos guides ? Aucun n'a tort : nous gardons notre libre arbitre et j'aurais tendance à dire aujourd'hui que, dans une circonstance comme celle-ci, je préfère écouter mon intuition.

Comment distinguer les deux voix ?

Je ressens ce qui vient de mon intuition dans mon ventre. C'est immédiat, spontané, fort, ancré. L'information est dans mon corps ; elle vient de mon corps.
Lorsque l'information vient des guides, je ressens qu'elle passe par ma pensée. Bien entendu, c'est mon corps qui perçoit les vibrations reçues par les guides, mais l'information est traitée sous forme de pensée plutôt que de sensation, comme pour l'intuition.

Reprenons la situation précédente

Je rencontre X lors d'une conférence. Nous sommes assises l'une à côté de l'autre et, pendant la pause, elle me parle.
L'intuition : je peux ressentir une boule au ventre, je ne me sens pas très à l'aise, j'ai du mal à trouver quoi répondre. Je me rends compte que, depuis le début de la conférence, j'aurais voulu être assise ailleurs. Mon intuition considère que cette personne et moi n'entrons pas en résonance.
Les guides : mon attention est davantage portée sur elle et ses propos intéressants. À son contact, des idées commencent à jaillir en moi, ce peut être très plaisant. Je ressens que cette rencontre n'est pas due au hasard. Pour les guides, cette personne sera source d'enseignements.
Pour compléter ce qui se passe en nous, je ne peux pas ne pas parler de ce que notre ego dirait. Il choisirait l'un des partis et me martèlerait la tête avec des : « Oh là là... faut absolument que tu lui parles, ne passe pas à côté d'une une telle opportunité. Les guides l'ont mise sur ton chemin. Si tu rates cette occasion, ils ne t'aideront plus jamais. Elle a l'air d'en savoir plus que toi. » Ou il dirait : « Regarde telle caractéristique physique, elle a l'air méchante, méfie-toi, elle doit mentir. Pourquoi raconte-t-elle sa vie ? Fais attention, ne te fais pas avoir. »
Dans cette situation, le choix m'incombe. Les deux premières options me seront bénéfiques puisque mon intuition comme les guides ont mon bien-être à cœur, le tout est de savoir ce qui est important pour moi à ce moment de ma vie. Je peux tout à fait ne pas avoir envie, ce jour-là, cette semaine-là, d'apprendre et de grandir. Je n'aurais rien raté car j'ai la conviction que, lorsque quelque chose est pour nous, une nouvelle opportunité se représentera.
Rassurez-vous, il est bien plus fréquent que notre intuition et nos guides tombent d'accord et que les deux voix finissent par se confondre en nous en toute confiance.

Entraînez votre ouïe intérieure.

Avez-vous remarqué qu'en fonction de ce que vous faites ou de ce à quoi vous pensez, ce qui parle en vous a des intonations différentes ? Pour moi, par exemple, j'ai l'impression que mon mental/ego a la même voix que moi, mais il parle très vite, incessamment. Sa voix me fait le même effet que d'être dans une grande surface. Mon intuition, elle, a une voix très douce, je sais que c'est elle qui me parle car mes oreilles se tendent instinctivement comme pour mieux entendre.
À votre tour, vous pouvez entraîner votre oreille intérieure à repérer qui vous parle.
Vous pouvez choisir une phrase que vous demanderez à chacun des guides de répéter afin d'être parfaitement capable de déceler les différences. Expliquez-leur que vous souhaitez vous entraîner à les entendre intérieurement.

Une personne chère
Afin de comprendre l'intérêt de cet exercice, commencez par entendre intérieurement la voix de votre meilleur(e) ami(e) ou d'une autre personne vivante qui vous est chère. Vous constaterez une réelle différence entre la façon dont vous entendez votre voix et la sienne.

....

....

Le mental
Vous n'avez absolument aucun effort à faire pour entendre la voix de votre mental puisqu'il parle sans jamais s'arrêter. Essayez de définir son intonation : a-t-il la même voix que vous ou que quelqu'un de votre enfance ? Avez-vous l'impression que sa voix est grave ? nasillarde ? très aiguë ? Soyez curieux de découvrir sa voix. Vous ne vous laisserez ainsi plus jamais faire par ses paroles négatives.

....

....

Un maître ascensionné
Faites votre choix parmi ceux que nous avons vus ou optez pour un maître que vous aimez. Laissez sa voix se faire entendre à l'intérieur de vous.

....

....

Un archange
À nouveau, optez pour celui que vous préférez et essayez de décrire ce que vous ressentez, pressentez ou imaginez concernant sa voix, sa façon de parler, son intonation. Peut-être « parle-t-il » très lentement ou peu. Repérez-vous de longs silences entre les mots ?

....

....

Une petite fée

....

....

Votre intuition

....

....

Soyez patient envers vous !

Mise en situation

Voici une situation qui nous est arrivée, nous arrive, nous arrivera !
Vous rencontrez quelqu'un, et tout commence à pétiller autour de vous. Ça y est, c'est le bon, après lui, il n'y en aura plus jamais d'autres. Mais qui parle ? Bien souvent, quand c'est aussi catégorique, c'est notre ego qui s'exprime, occultant tous les signaux pour quelques miettes d'attention. Et, quand ça ne marche pas, on repasse le film dans notre tête et nous nous souvenons que d'autres voix cherchaient à attirer notre attention. Mais nous ne voulions pas entendre.
Replongez dans vos souvenirs ou, si vous avez la chance de ne jamais avoir vécu une histoire de ce genre, profitez-en pour faire travailler votre imagination !
Que vous disait votre intuition ? Sur quels éléments a-t-elle focalisé son attention pour déceler que quelque chose n'allait pas ?

....

....

....

....

....

Avec le recul, malgré la douleur de la séparation, qu'avez-vous appris sur vous ? Qu'est-ce que cette relation vous a permis de comprendre sur vous ? Que vous auraient alors dit vos guides si vous les aviez interrogés à l'époque ? Avec ce que vous savez, pensez-vous qu'ils vous auraient encouragé car cette rencontre faisait partie de votre chemin d'évolution ? Les auriez-vous écoutés malgré les signaux de votre intuition ?

....

....

....

....

....

Retrouvez l'affirmation du jour.

Reconstruisez la phrase grâce aux lettres sous la grille.

M		N	■	C		A			■		N	E		G		T	I			E	■	I		R	A			E
			S	■	L		■						■	P				■			■			N		R	E	■
■	■	■				S	■		U		I	N	E		X	■			■		O	Y	E		X	■	■	■

P N
A U M É O E Q L E R
D O N P L H E M L O M D E R U É U R T U J R E U D D I

Chapitre 11

Les clés d'une bonne communication avec nos guides

Beaucoup, surtout au début, ont tendance à déifier ces présences auprès de nous, comme si le fait de ne pas posséder de corps les faisait passer à l'état de divinités toutes-puissantes et qui attendent de nous déférence, parfois même soumission.
J'entends aussi des choses comme : « Tes guides veulent que tu arrêtes de porter telle couleur », « Ils veulent que je mange ceci », « Ils me disent de te dire que tu dois faire cela ».
Je crois que cette vision n'est pas aidante pour entrer en communication et créer un lien serein avec nos guides.
Je n'ai jamais eu la sensation qu'ils attendaient quoi que ce soit de moi, qu'ils me demandaient de faire ou d'être quelque chose. Je les perçois comme des amis. Ils me font des suggestions, me conseillent mais, au final, je reste maîtresse de ma vie.
Ainsi, il me semble que le tout premier pas pour une bonne relation avec vos guides est que vous vous sentiez parfaitement libre et aimé tel que vous êtes.
S'il vous arrive un jour de vous sentir forcé, je vous suggère vivement d'arrêter cette communication, car il y a de fortes chances que les énergies avec lesquelles vous êtes en présence puissent ne pas être « amies » ou que ce soit simplement votre ego qui parle.

Clé n° 1 : Demander !

Je me dis que nous, humains, vivons dans le monde des questions et que le monde spirituel est celui des réponses – toutes sortes de réponses. Et je crois vraiment qu'aucune de nos questions ne peut rester sans réponse, un peu comme si l'énergie de la question continuait de réverbérer dans l'Univers jusqu'à ce qu'elle entre en relation avec l'énergie de sa réponse.

Clé n° 2 : Restez ouvert quant à la façon dont vous recevrez vos réponses !

Souvent, ce qui nous empêche de voir une chose, c'est que nous nous en faisons une idée précise, aussi reste-t-elle invisible quand bien même serait-elle sous nos yeux. Imaginez

que vous souhaitiez acheter des aubergines au marché. Si vous pensez que cela ressemble à des navets, il n'y a aucune chance que vous les trouviez.

Clé n° 3 : Soyez dans le moment présent !

Si vous êtes perdu dans vos pensées, dans le passé ou le futur, vous ne percevrez pas les réponses qui vous sont apportées. Soyez présent quand une personne vous parle, essayez de ne pas vous évader dans votre tête ou de préparer la réponse que vous allez faire dès qu'elle cessera de parler. Combien de fois ce sont mes amis qui, en me racontant une histoire les concernant, m'ont éclairée sur mes sujets de préoccupation. Plus nous sommes dans notre corps, ancrés, plus vite nous sommes capables de voir la guidance qui nous est offerte.

Clé n° 4 : Apprendre à croire sincèrement que vous êtes entendu et que vous serez exaucé !

Nombre de mes amis communiquant avec leurs guides racontent combien il leur est facile de trouver une place de parking devant le lieu où elles se rendent. C'est d'ailleurs l'un des premiers exercices qui est proposé dans l'apprentissage de la communication avec les guides car c'est le plus simple et la preuve que nos guides nous entendent. Cela fonctionne très bien pour tous ceux qui pratiquent cette technique. Sauf pour moi ! Pourquoi ? Parce que je doute, parce qu'ayant vécu des années à Paris, je me dis que, s'il y a une place, elle sera trop petite, que je ne saurai pas me garer, que les voitures derrière moi vont s'impatienter et klaxonner... Bref, je me laisse totalement dominer par mon mental et ses peurs, et je n'essaie même pas !

Clé n° 5 : Soyez simple et direct !

« Aidez-moi à... » suivi éventuellement d'un « s'il vous plaît », si vous êtes une personne très polie, peut suffire à vous connecter à vos guides et à obtenir leur aide. Et même le simple fait de vous poser une question intérieurement amènera une réponse.

Clé n° 6 : Remerciez !

Comme vous le feriez pour un ami qui vous a rendu service, exprimez votre gratitude. Au risque d'en choquer certains, j'ai l'habitude de dire à mes guides : « Oh ! Vous êtres trop cools ! Merci ! » Simple !

Voilà, vous êtes fin prêt pour créer de vrais liens d'amitié avec vos guides et ne plus vous sentir dépassé par la vie ou seul. Vous pourrez avoir une autre voix dans votre tête que celle de votre mental qui a tendance à vous dévaloriser, à vous montrer tout ce qui ne va pas, à vous faire vivre dans la peur de l'avenir.

Créez votre autel.

Avoir un endroit, aussi petit soit-il, devant lequel on peut s'asseoir ou juste passer pour nous rappeler souvent que des êtres spirituels sont près de nous, est très aidant pour concrétiser notre connexion à nos guides.

Si vous n'en avez pas encore ou si vous avez envie de l'agrémenter davantage, commencez par imaginer ce que vous voudriez y voir. Vous sentez-vous proche de vos ancêtres, des anges, des esprits de la nature, des maîtres ascensionnés ? Quels objets, images, pierres, souvenirs de vacances pourriez-vous disposer sur votre autel ? Si vous aimez les esprits de la nature, par exemple, usez et abusez de ce que vous récolterez pendant vos promenades.

Construisez-le avec votre cœur. Vous verrez que plus vous passerez de temps devant, plus votre connexion à vos guides sera rapide et facile.

Mots mêlés

Entourez les mots qui désignent quelques-uns des changements que la connexion quotidienne à vos guides apporte dans vos vies.

ALLÉGRESSE
CRÉATIVITÉ
ÉCOUTE
FORCE
IMAGINATION
MAGIE
PERSPECTIVE
CLARTÉ
CURIOSITÉ
ÉMERVEILLEMENT
GRATITUDE
INTUITION
OBJECTIF
PRÉSENCE
CONCENTRATION
DOUCEUR
EXPANSION
GUÉRISON
JEU
OUVERTURE

U	E	A	H	C	E	E	N	R	C	L	H	E	V	W	O	É	A	I	L
K	Z	X	K	C	R	I	A	O	C	L	A	R	T	É	O	T	L	M	I
U	N	E	R	X	E	É	M	F	I	T	C	E	J	B	O	I	L	J	N
T	S	O	U	T	C	W	A	A	O	S	A	M	Q	V	U	S	É	K	T
I	F	B	U	V	T	D	E	T	G	U	N	R	E	Y	X	O	G	K	U
H	E	O	R	A	N	C	E	H	I	I	V	A	D	H	G	I	R	N	I
P	C	N	W	D	N	V	R	Z	E	V	N	E	P	O	O	R	E	Q	T
É	U	I	S	E	R	S	O	E	D	V	I	A	R	X	A	U	S	N	I
T	S	W	S	T	L	G	Q	K	U	F	I	T	T	T	E	C	S	A	O
S	H	É	O	U	V	S	T	H	T	I	A	T	É	I	U	F	E	L	N
V	R	Y	G	Q	I	V	H	D	I	L	K	N	C	E	O	R	R	S	O
P	G	S	A	K	Q	G	X	M	T	E	A	D	U	E	V	N	E	T	G
L	C	O	N	C	E	N	T	R	A	T	I	O	N	D	P	P	M	U	Z
E	D	T	F	P	V	B	M	N	R	G	N	U	I	E	U	S	É	Q	O
I	T	B	J	Z	J	E	U	M	G	C	H	C	Z	D	Q	R	R	O	F
G	T	N	E	M	E	L	L	I	E	V	R	E	M	É	I	Z	Y	E	D
A	K	B	M	I	V	A	V	E	V	T	W	U	H	S	G	A	I	B	P
M	M	E	D	B	T	V	V	P	R	J	Q	R	O	O	H	S	A	E	W
C	S	P	R	V	M	A	S	V	N	H	O	N	Q	K	C	U	D	R	P
I	L	V	A	Y	R	Q	V	C	V	K	W	Z	J	C	E	Q	Z	Z	M

Faites entrer la magie dans votre vie.

En réalité, pour voir les réponses de vos guides, vous n'avez pas besoin de les chercher. Leur guidance ne requiert rien d'autre que votre présence. Vous remarquerez rapidement que vous êtes guidé et conseillé tout au long de la journée à travers toutes vos activités. Profitez d'un matin pour poser votre question au guide de votre choix avant de vous lever du lit. Puis, lorsque vous prendrez votre petit déjeuner, essayez de sentir chaque bouchée dans votre bouche, observez comment la chaleur de votre tasse de café agit sur vos mains, soyez conscient des pensées qui se forment dans votre tête, remarquez les questions internes que vous vous posez sur tout un tas de choses et auxquelles vous ne prêtez pas attention. Tentez de ralentir votre rythme. Plus tard, allumez la radio ou la télévision, écoutez attentivement les paroles prononcées. Lorsque vous sortirez, regardez les affiches publicitaires, les devantures des magasins, le sol sur lequel vous marchez… Vous verrez des réponses à vos questions existentielles et à d'autres qui le sont moins !

Cryptogramme

Retrouvez cette citation de Sonia Choquette dans son livre *Demandez à vos guides*.

A	B	C	D	E	F	G	H	I	J	K	L	M	N	O	P	Q	R	S	T	U	V	W	X	Y	Z
22		8	7			24		20					6	17		4		2	14						3

N			C		A	I	G	N		Z			A		A	I	S		D				A	I
6	18		8	13	22	20	24	6	18	3		11	22	15	22	20	2		7	18		10	22	20

(suite : 13, 18)

T		O			S	O				N	T		A						À			O	S
14	13	17	9		2	17	23	1	18	6	14		22	9	9	18	5				1	17	2

G		I	D		S			N	S			I	G	N	A	N	T	S	.	I		S		S	O	N	T
24	23	20	7	18	2		18	6	2		18	20	24	6	22	6	14	2		20	5	2		2	17	6	14

D	'	A		O		D			À			O					O		S		Q		I
7		22	19	17	13	7		5			9	17	23	13		1	17	23	2		4	23	20

C					C			Z			O	T				C				I	N		D	A	N	S			A
8	16	18	13		8	16	18	3		1	17	14	13	18		8	16	18	15	20	6		7	22	6	2		5	22

N		I	T		N	O	I			.	D			A	N	D		Z			T			O		S
6	23	20	14		6	17	20	13	18		7	18	15	22	6	7	18	3		18	14		1	17	23	2

		C					Z
13	18	8	18	1	13	18	3

Chapitre 12

Que demander à nos guides ?

De manière générale, vous pouvez tout demander à vos guides.

Vos guides parents ou grands-parents

L'amour qu'ils vous portent les pousse à souhaiter faire partie de tous les aspects de votre vie. À vous de voir ce que vous attendez d'eux. Ainsi, je ne suis pas sûre d'avoir envie de demander à ma grand-mère de m'aider en matière de mode ou de décoration intérieure !
Vous pouvez, par exemple, demander à vos guides de vous entourer de leur présence chaleureuse et aimante lorsque vous en avez besoin, de vous consoler quand la vie vous malmène. Asseyez-vous calmement, pensez simplement à votre guide et il remplira votre cœur d'amour. Vous pouvez également demander à vos guides de mettre sur votre chemin des personnes qui vous correspondent. Ils vous aideront à trouver le lieu de vie idéal pour vous épanouir. Ils sauront mettre sur votre route un article qui parle d'une ville ou d'un pays en particulier... Ils peuvent vous aider à améliorer vos relations avec d'autres membres de votre famille, à accepter certaines situations délicates de votre vie.
Vous créez une connexion avec ces guides en pensant à eux ou à un souvenir que vous avez partagé pour qu'aussitôt, vous ressentiez votre énergie se mêler à la leur. Votre dialogue intérieur changera. Vos pensées et votre cœur s'apaiseront.

Les guides temporaires

C'est à eux que vous poserez toutes les questions qui concernent une profession, une passion, de l'aide pour tout ce qui concerne la partie « faire/action » de votre vie. À titre d'exemple, si vous vous lancez dans des travaux de rénovation, n'hésitez pas à demander qu'un ou des guides spécialistes dans ce domaine vous viennent en aide. Vous serez soudain plein de créativité, de courage, d'adresse, vous trouverez sur votre chemin les idées qui vous faciliteront la vie, les bonnes personnes pour réaliser vos travaux. Ils vous aideront aussi dans vos études, vos recherches...
Ils nous aident à simplifier et clarifier tout ce qui nous paraît embrouillé quand nous entamons un nouveau projet.
Pour entrer en contact avec ces guides, vous pouvez dire par exemple : « J'ai besoin d'aide pour réaliser tel projet/apprendre tel sujet/comprendre telle situation... » Les réponses peuvent être immédiates ou prendre plus de temps.

Les anges et les archanges

Vous pouvez absolument tout demander à des êtres illimités, mais attendez-vous à des réponses dans lesquelles vos propres limites seront tout simplement éliminées des messages que vous recevrez. Ce peut être euphorisant, mais cela peut également sembler non réaliste. J'ai constaté à maintes reprises que ceux qui demandent de l'aide à ces êtres purs

et lumineux par l'intermédiaire des cartes d'oracle, de l'écriture inspirée ou à travers des personnes spécialisées dans cette forme de communication s'en trouvent très heureux pendant quelques instants puis oublient totalement les messages reçus parce qu'ils n'ont pas l'impression que ceux-ci puissent s'inscrire dans la matière. Pour vous donner un exemple, si vous leur dites que vous êtes profondément malheureux dans votre poste actuel et que vous leur demandez conseil sur la marche à suivre pour sortir de cette situation, vous recevrez des conseils comme : « Démissionnez, faites ce que vous aimez, soyez créatif, ne craignez rien, avancez, osez, réalisez vos rêves... » Faire ce qui vous est proposé peut vous paraître vertigineux, ce serait comme sauter dans le vide. Aussi, plutôt que d'interroger vos anges sur la marche à suivre, surtout si l'on n'est pas encore prêt à opérer les changements radicaux qu'ils nous suggèrent, je conseille souvent de s'habituer à se connecter à leur énergie. Ainsi le cerveau devient capable d'envisager la vie en dehors des obstacles et peut nous orienter sans effort vers des solutions.

Les groupes de conscience, les divinités

Il est dit que leur mission est d'aider l'humanité dans son processus d'ascension et dans son évolution vers l'illumination. Aussi, ils répondront à toutes les questions qui ont trait à l'amélioration de soi dans tous les domaines de notre vie. Ce peut être la métaphysique, l'intuition, la spiritualité, l'alimentation, les sciences, l'éducation... Si vous ressentez le désir de servir vous aussi l'humanité, vous pourrez leur demander de vous guider ; ils sauront vous insuffler des idées créatives pour participer au changement dans le monde, vous pourrez par exemple avoir le désir soudain de fonder une communauté ou d'aller à l'autre bout du monde pour aider un peuple en souffrance.

Si vous écrivez, ils inspireront vos mots pour que vous touchiez l'âme de ceux à qui vous vous adressez.

Si vous-même êtes un enseignant spirituel, leur proximité énergétique vous permettra de connaître le cœur de vos élèves afin de mieux les guider dans leur cheminement et leur recherche.

Retenez qu'il est inutile de leur poser des questions d'ordre personnel car les réponses reçues, s'il y en a, dépasseront votre propre vie pour s'élargir à l'ensemble.

Leurs réponses sont faites pour être transmises, non pour être consignées dans un cahier ou dans notre tête.

Les esprits de la nature

Si vous avez le désir de vous alimenter sainement et en adéquation avec vos véritables besoins, si vous avez besoin d'accompagnement dans votre processus de guérison physique et émotionnelle, demandez au monde des « élémentaux » de vous soutenir et de vous inspirer. Plus vous vous connecterez à leur énergie et plus vous serez intuitif quant à votre bien-être. Demandez-leur de vous guider vers les bons livres, thérapeutes, enseignants des domaines de la nature et l'alimentation.

Faites-vous accompagner par des guides temporaires.

Saviez-vous que vous pouvez demander à être accompagné par des guides temporaires en fonction du sujet pour lequel vous avez besoin d'aide ?
Si vous avez réalisé un autel, vous pouvez vous y rendre. Sinon, vous pouvez faire ce petit exercice sur une table, dans votre jardin, sur la plage...
Munissez-vous d'une bougie et d'un bâton d'encens. Au moment où vous les ferez brûler, dites : « Je demande à un guide de... *(sujet sur lequel vous avez besoin d'être épaulé et guidé)* de m'aider pour réussir à... »
Exemple : « Je demande à un **guide de l'amour** de me venir en aide pour faire entrer l'amour dans ma vie, pour rencontrer la personne avec laquelle je pourrai construire une vie faite d'amour et de confiance/pour retrouver l'harmonie dans ma relation actuelle/pour m'aider à guérir mon lien à l'amour, à l'autre... »
Exemple 2 : « Je demande à un **guide de l'abondance** de me conseiller pour créer l'abondance dans ma vie/pour m'aider à voir les opportunités qui s'offrent à moi/pour guérir mon lien à l'argent... »
Soyez sûr que vous avez été entendu. Petit à petit, vous verrez que vous serez attirés par de nouvelles expériences, vous aurez de nouvelles pensées, vous rencontrerez de nouvelles personnes... Ce sont vos guides qui sont à l'œuvre !

Votre évolution spirituelle

Si c'est un sujet qui vous passionne, demandez à votre ancêtre guide, à un guide temporaire qui vous aide dans ce domaine, à un ange ou à un maître ascensionné de vous guider vers le livre qui vous fera passer à une nouvelle étape de votre compréhension de la spiritualité. Pour ce faire, rendez-vous devant votre autel ou allumez simplement une bougie et dites : « *(Nom du guide que vous avez choisi)*, j'ai à cœur de grandir spirituellement, guide-moi vers le livre qui m'offrira un enseignement riche et passionnant, merci. » Ajoutez tout ce qui vous paraîtra pertinent.
Soyez patient. Il se peut que le livre arrive dans votre vie le jour même ou une semaine plus tard. Il peut vous être conseillé, apparaître dans votre fil d'actualités ou lorsque vous irez dans une librairie : vous ressentirez votre corps irrésistiblement attiré par un rayon en particulier...

Demande : ....

Livre en réponse : ....

Vos guides et les rêves

Lorsque nous dormons, notre mental s'assoupit et laisse libre cours à notre subconscient qui peut recevoir toute la guidance souhaitée. Ce soir, je vous propose de vous connecter au guide dont vous souhaitez l'aide en l'appelant par son nom (si vous le connaissez) ou en pensant à lui alors que vous êtes couché dans votre lit, au seuil de l'endormissement.

Exprimez-lui ce que vous attendez de lui, l'aide dont vous avez besoin. Vous pouvez préparer un cahier et un stylo pour le cas où vous vous réveilliez en pleine nuit afin de noter vos rêves. Le matin, si vous vous souvenez de vos rêves, repassez-les dans votre tête pour comprendre le message de votre guide. Si vous ne vous rappelez rien, refaites l'exercice jusqu'à ce que votre cerveau comprenne le nouvel ordre que vous lui donnez.

....

....

....

....

....

Mots coupés

Assemblez les groupes de lettres pour tenter de retrouver quelques-uns des domaines dans lesquels vous pouvez demander de l'aide à vos guides.

BRIC	T AL	URE	ITÉ	AMO	A M I L	ENCE	IÈRE
EMIN	CULT	A B I T	ANTÉ	T A T I	UR H	ITIÉ	ÉTU
O L A G	SPOR	ON S	I M E N	CARR	- Ê T R	DES	CUIS
ENT	ES F	E VA	INE	A T I O	BIEN	T U A L	ARG
P I R I	SCI	N AM		LE S	C A N C	F CH	

Chapitre 13

Quand les signes n'en sont pas

Pour mieux comprendre le lien que vous avez avec vos guides, imaginez que vous êtes relié à vos guides par un réseau de câbles électriques et que, dès que vous émettez une intention envers eux, par la pensée ou par des mots, que vous avez besoin d'aide ou de soutien, que vous vous sentez mal, en danger, vous envoyez une impulsion électrique qui déclenche une communication immédiate. Ainsi, on peut dire qu'ils sont en permanence près de vous.

Ceux d'entre nous qui sont conscients d'être accompagnés à chaque instant n'auront pas véritablement besoin de signes confirmant la présence des guides. En revanche, lorsque nous commençons une relation avec les guides en général ou avec un nouveau guide, nous ressentons le besoin de savoir s'ils sont réellement là, s'ils nous entendent, si nous pouvons compter sur eux. Aussi recherche-t-on leur présence partout autour de nous.

Certains seront sensibles aux nombres et verront dans les répétitions de chiffres (111, 222, 333...) la preuve de la présence de leur guide. D'autres verront dans les plumes autour d'eux un signe que les anges les protègent. Pour d'autres encore, ce sera la forme des nuages qui les convaincra de l'existence de leur guide...

Nos guides n'ont pas nécessairement besoin de manifester leur présence. Ils peuvent cependant le faire pour nous signifier, quand nous avons un problème, qu'ils sont près de nous, un peu comme s'ils nous disaient : « Hé ! Ho ! On est là, arrête de vouloir tout faire tout seul et apprends à demander de l'aide ! »

Mais vouloir sans arrêt des signes émet des vibrations de doute, et le doute affaiblit grandement la relation que l'on peut avoir avec son guide. Si vous attendez d'avoir un signe pour lui demander ce dont vous avez besoin, vous envoyez en même temps à votre cerveau l'information que votre guide n'est pas disponible, que ça n'existe pas vraiment, qu'il pourrait ne pas être disposé à vous aider, qu'il faut que vous attendiez qu'il ait fini ce qu'il est en train de faire avant qu'il vienne vous voir, que peut-être vous n'est pas digne de son amour pour vous...

Et cette recherche de signes peut, je l'ai souvent constaté, devenir obsessionnelle et nous faire passer à côté de l'essentiel : créer une relation de confiance et solide avec nos guides. Aussi, plutôt que de chercher des signes de leur présence, faites comme s'ils étaient en permanence près de vous et parlez-leur comme vous parleriez à une personne qui ne vous jugera jamais et qui sera toujours à vos côtés pour vous écouter.

Exemples de signes qui n'en sont pas

Si vous vivez dans un endroit où viennent beaucoup de pigeons, le fait de voir des plumes partout n'est probablement pas le signe de la présence de vos guides ou de vos anges. En revanche, si vous en trouvez une devant la porte d'entrée de votre appartement, sur votre lit ou dans un endroit incongru, il est plus probable que cela ait un sens. Alors vous pourriez vous demander à quoi cette plume vient répondre. Vous êtes-vous posé une question peu de temps avant ? Avez-vous demandé à vos guides de se manifester auprès de vous ?

De même, pour les séries de chiffres, nombreux sont ceux qui les utilisent comme moyen de communication avec leur guide. Ils attribuent une signification aux chiffres et, lorsque ceux-ci se répètent sur une plaque d'immatriculation, un numéro de téléphone, un ticket de caisse..., ils y trouvent la réponse à leur questionnement ou orientation. Il m'est arrivé de demander à certaines personnes qui sont sensibles à ce système et qui s'enthousiasment chaque fois que ces chiffres apparaissent devant eux de me dire ce que cela signifie pour elles. Elles me répondent : « C'est mon guide qui me dit qu'il est là. » J'ai envie de vous dire de ne pas vous laisser dominer par votre ego qui a sans cesse besoin de preuves, qui est incapable de foi ou de confiance. Votre guide n'a pas besoin de vous prouver qu'il est là : il est là, pour lui c'est un fait. Votre rôle n'est pas de lui demander de prouver qu'il existe, mais de communiquer avec lui. Si les chiffres ont un sens pour vous et que vous en tirez des informations, alors c'est formidable. Mais si c'est juste un moyen de vous rassurer, sachez que vous ne le serez jamais totalement, car plus vous aurez besoin d'assurance et plus vous manquerez de foi.

Vos guides vous parlent par les nombres.

Observez pendant un court instant un les nombres ci-dessous, choisissez celui qui vous appelle et reportez-vous à la partie Corrigés pour connaître le message de votre guide :

27 – 31 – 15 – 12 – 68 – 92 – 10 – 43 – 26

Si vous préférez laisser faire le hasard, reportez les nombres sur des morceaux de papier et connectez-vous à vos guides en leur demandant : « Chers guides, quel est votre message pour moi ? » puis tirez-en un.

Vos guides vous parlent par les mots (cachés).

Le premier mot que vous décèlerez dans cette grille est un message de votre guide sur ce qui a besoin d'attention en vous en ce moment. Demandez alors l'aide de vos guides pour prendre soin de cette partie.
Une fois le mot découvert, essayez de ne pas lire les autres afin de pouvoir revenir sur cette grille plus tard.

W	Y	K	A	Z	P	L	P	O	B	O	T	T	H
Q	D	G	G	C	J	X	D	O	R	U	D	A	U
A	U	W	H	H	B	R	G	M	V	U	I	M	S
Z	W	C	X	U	Q	D	S	B	O	R	Q	V	J
R	J	U	G	E	M	E	N	T	L	Z	U	M	Z
V	D	O	U	C	E	U	R	J	O	P	L	I	W
Q	I	W	U	W	A	D	K	N	N	N	B	G	C
M	E	N	T	A	L	I	S	A	T	I	O	N	S
H	J	O	P	O	I	H	A	L	É	C	T	M	J
B	P	P	R	O	C	R	A	S	T	I	N	E	R
M	L	I	M	I	T	A	T	I	O	N	S	V	N
A	L	I	V	K	A	M	O	U	R	D	Y	I	Y
Y	D	E	N	G	A	G	E	M	E	N	T	O	U
N	J	P	E	K	S	T	A	B	I	L	I	T	É

Interprétez les signes.

Avant d'instaurer une communication quasi immédiate avec vos guides par l'intermédiaire des signes, entraînez-vous à trouver les réponses de vos guides en vous posant les bonnes questions. Fermez un instant les yeux, ancrez-vous en ressentant différentes parties de votre corps et posez une question à votre guide. Ouvrez les yeux puis regardez l'image ci-dessous un instant. Repérez l'objet par qui attire votre attention.

Laissez vos yeux posés un instant dessus et posez-vous les questions suivantes :

- À quels souvenirs cet objet est-il associé dans ma tête (une personne, un événement, un lieu...) ?
- Quelle émotion me fait-il ressentir (nostalgie, créativité, nouvelles envies, nouvelles idées...) ?
- Quelle sensation me fait-il éprouver (chaleur, apaisement, sourire, positif, négatif...) ?
- Quels mots ou phrases me viennent à l'esprit quand je regarde l'objet ?
- Comment le temps me paraît-il (long, instantané, court) ?
- Continuez de regarder l'objet choisi et observez vos pensées. Cheminent-elles vers des endroits inattendus ? Les associations d'idées vous amènent-elles à une réponse claire de la part de votre guide ?

Vous pouvez continuer à vous entraîner à comprendre le mécanisme d'interprétation des signes de votre cerveau en vous posant les mêmes questions pour chacun des objets. Vous constaterez la différence de sensations et de pensées en fonction de chacun d'eux.

Chapitre 14

Une guidance en toute sécurité

Pratiquez le discernement

En toute chose, particulièrement dans le domaine de la communication avec le monde de l'esprit, le discernement sera votre meilleure protection, le gardien de votre temple. L'ego est très trompeur et il peut véritablement nous faire croire que nous sommes en présence de l'un de nos guides si nous n'y prenons pas garde. Voici quelques questions qui vous aideront à déterminer si les conseils que vous recevez sont d'une source fiable :

- **Vous sentez-vous à l'aise avec ce que vous recevez ?** Observez votre corps, votre respiration, votre ventre, soyez attentif aux contractions dans les diverses parties de votre corps. Si les messages engendrent un sentiment d'angoisse ou de menace, dégagez-vous de cette énergie en allant vous promener, respirez et reposez votre question en restant bien ancré.
- **Vous sentez-vous flatté ?** Les guides ne pratiquent pas la flagornerie. Ils peuvent tout à fait ne pas aller dans votre sens. Prêtez attention à votre orgueil. S'il prend de la place pendant une communication, il y a de grandes chances que vos guides ne soient pas de la partie.
- **Les autres personnes concernées sont-elles méprisées ?** Les guides ne parlent que peu des autres, c'est vous et votre évolution qui les intéressez. Et, depuis la perspective de l'esprit, les autres sont vus avec amour, tout comme vous. L'ego, quand il devient lui aussi spirituel, aura tendance à vous survaloriser au détriment des autres, et inversement. Les conseils des guides ne nuisent jamais à personne.
- **Vous sentez-vous poussé au sacrifice ?** L'ego aime le drame. Vous pourrez vous sentir poussé à vous sacrifier pour la planète, le monde, votre famille, une relation. Soyez sûr que ce n'est pas le langage des guides
- **Vous sentez-vous aimé et respecté ?** Si vous avez l'impression de devoir prouver, changer, faire des choses pour recevoir l'amour de vos guides, alors ce ne sont pas eux qui s'adressent à vous.

Prenez soin de vos vibrations

Nos vibrations baissent et augmentent en fonction de nos émotions. Plus nous cultivons la joie, plus nous sommes dans de hautes vibrations. Lorsque nous sommes dans la colère ou la peur, nous pouvons attirer des entités dont la fréquence basse induira des conseils et des paroles qui ne sont pas bons pour nous. Pour s'en prémunir, on peut, même lorsqu'on fait face à une grande tristesse ou à la douleur, activer en nous la bonté, la générosité, l'amour pour sa famille ou un petit animal... Aider autrui nous emplit d'émotions et de sentiments positifs, augmentant ainsi nos vibrations.

Souriez !

Le fait de sourire donne l'ordre à votre cerveau de libérer des neurotransmetteurs qui favorisent la détente. Ce phénomène vous met quasi immédiatement en mode réceptif tout en vous assurant une communication sécuritaire puisque les vibrations émises sont élevées. Même si vous n'allez pas très bien, essayez de sourire et vous verrez alors la nature de vos pensées se modifier pour devenir plus douce. Lorsque vous vous habituerez à l'énergie de vos guides, vous verrez qu'ils remplissent votre vie d'occasions de sourire et de rire.

Ne demandez pas à vos guides de prendre les décisions pour vous

Pour éviter les écueils en matière de guidance spirituelle, ne vous attendez pas à ce que vos guides vivent votre vie à votre place. Aux questions « dois-je faire ceci ou cela ? », les guides « élevés » ne répondront pas. Ces derniers vous inspirent, vous aident, vous conseillent, mais en aucun cas ils ne dirigent votre vie. Il est presque dommage d'ailleurs qu'on les appelle des « guides » : je trouve le terme « accompagnateurs spirituels » mieux adapté à leur fonction auprès de nous.

Écoutez votre corps

La vérité se trouve dans votre corps, pas dans votre tête. La meilleure façon de savoir si la guidance que vous recevez est d'une nature élevée est de prendre conscience de votre corps. Lorsqu'un guide vous dira ce que vous n'avez pas envie d'entendre, votre mental se sentira immédiatement alerté, déçu et même en colère. Mais votre corps, lui, saura que c'est juste. Lorsque vous restez bien attaché à votre corps et n'êtes plus dans votre tête, vous pouvez prononcer des mots comme « Oui, ça sonne juste/oui, je sens que c'est juste » qui vous permettent de continuer avec le désir de faire autrement, de prendre de nouvelles dispositions et décisions. Quand les conseils ne viennent pas d'un guide, vous restez avec vos incertitudes, vous ne vous sentez pas tranquille avec les réponses, vous pourrez être mal à l'aise physiquement. Si, après une interaction avec ce que vous pensez être des guides, vous vous sentez fatigué, c'est que vous êtes entré en résonance avec des énergies basses.

Vous avez le pouvoir de changer d'état d'esprit

Même dans l'adversité, on peut modifier son état émotionnel et la nature de ses pensées. Je vous propose une expérience pour que vous puissiez vous en rendre compte physiquement et émotionnellement.

- **L'étonnement**

Marquez sur votre visage l'étonnement, par exemple en élevant vos sourcils bien haut et en ouvrant légèrement la bouche. Restez quelques instants dans cette position puis pensez à un souvenir d'enfance.

- **Le sourire**

Souriez à pleines dents (même si vous n'en avez pas le cœur). Après une minute ainsi, rappelez-vous un épisode de votre adolescence.

- **La tristesse**

Vous pouvez la ressentir en baissant les yeux, les épaules, en fermant la bouche et en la descendant légèrement vers le bas. Faites en sorte de respirer lentement puis laissez venir n'importe quel souvenir à votre esprit.

- **La colère**

Froncez les sourcils très fort, serrez vos lèvres et même les poings si vous le pouvez, respirez fort et un peu plus vite. À présent, rappelez-vous un événement qui s'est produit récemment.

En fonction des émotions que vous avez volontairement marquées dans votre corps, remarquez-vous une différence dans la nature des souvenirs qui vous viennent à l'esprit ?

Citation du jour

La présence de mes guides dans ma vie élève mes vibrations chaque jour un peu plus.

Rituels de protection

La peur engendre des vibrations basses et nous fait vibrer à la même fréquence que ce dont nous voulons nous protéger. Il vaut mieux alors d'abord travailler quotidiennement sur cette peur grâce aux affirmations, notamment. Mais si vous vous trouvez à un moment de fragilité émotionnelle, que vous avez besoin de l'aide de vos guides et voulez le faire en toute sécurité, vous pouvez utiliser ces astuces pour vous protéger.

- « Incantation »

J'invoque ma lumière intérieure,
La lumière me guide,
La lumière me protège,
Je suis un canal lumineux et clair.

- Demandez à vos guides

N'hésitez pas, avant de commencer une communication, à demander à vos guides ou à vos anges de prendre soin de vous pendant que vous vous ouvrez au monde spirituel.
« Cher archange/Cher guide,
Offrez-moi votre protection durant notre communication.
Faites en sorte qu'aucune énergie non désirée ne puisse m'approcher.
N'autorisez que les hautes fréquences dans mon champ vibratoire.
Merci. »

- Bulle de lumière

Sentez, imaginez ou visualisez que vous êtes entouré d'une grande bulle de lumière blanche, pure, parfaitement hermétique à toute énergie qui ne soit de nature élevée. Émettez même l'intention que cette bulle vous accompagne tout au long de la journée si vous en ressentez le besoin.

- Objets

Lorsque vous avez envie de communiquer avec vos guides, tenez dans votre main une pierre de protection, par exemple un œil de tigre, une tourmaline ou une obsidienne.

- Travaillez votre ancrage

Votre meilleure protection sera toujours l'ancrage. Si vous êtes parfaitement conscient des sensations et émotions qui vous traversent, vous serez toujours en sécurité car vous serez en mesure de déceler les changements énergétiques qui s'opèrent autour de vous et en vous. Vous saurez immédiatement dans votre corps que ce sont bien vos guides qui communiquent avec vous car vous ressentirez du bien-être et de la sécurité. Plusieurs fois par jour, ressentez vos mains, le tissu sur votre peau, votre langue ou toute autre partie de votre corps. Demandez-vous comment vous vous sentez, comment vous allez. Prenez soin de votre ancrage et vous n'aurez plus jamais besoin de protection.

Chapitre 15

Comprendre le langage des guides

Un langage subtil

Au quotidien, nos guides utilisent un langage subtil et le plus souvent indirect pour communiquer avec nous. Si, par exemple, l'un de vos guides sait que vous trouverez votre bonheur dans un magasin devant lequel vous passez, vous n'entendrez pas : « Entre dans tel magasin », mais votre regard pourra être attiré par un décor dans la devanture et vous aurez irrésistiblement envie d'entrer dans la boutique. Si vous avez demandé à votre guide de vous aider à ne pas perdre votre temps et que vous prévoyez de sortir en voiture, vous pourrez subitement ressentir le besoin irrépressible de ranger vos papiers (ou vous entendrez dans votre tête : « Range tes papiers ») qui traînent depuis six mois, car votre guide sait que vous allez tomber dans les bouchons. Si vous vous apprêtez à dîner avec une personne qui ne se soucie pas de votre intérêt, vous pourrez vous mettre à chantonner les paroles d'une chanson qui contiendra le message de votre guide vous conseillant d'annuler ou de rester discret quant aux confidences que vous pourriez faire. Dans tous les cas, vous restez maître de la suite à donner à ces inspirations qui vous sont envoyées par vos guides.

Les répétitions

Si vous faites une demande à vos guides, ils vous répondent toujours, mais cela peut manquer de clarté. Alors ils répéteront leur conseil, encore et encore, jusqu'à ce que vous compreniez et ils le feront toujours de la même manière ! Vous pouvez, par exemple, entendre le même mot, la même phrase ou la même musique dans votre tête de nombreuses fois par jour sans en comprendre le sens. Plusieurs personnes, régulièrement, peuvent vous parler d'un sujet qui ne vous intéresse pas particulièrement, mais qui porte pourtant votre réponse. La répétition peut durer des années, jusqu'au jour où vous finissez par réaliser votre rêve et prenez enfin la mesure du sens du message répété maintes fois par vos guides.

Les symboles

Les guides de proximité, c'est-à-dire nos guides familiaux, les guides qui nous aident sur des sujets précis, ceux qui deviennent nos amis, utilisent abondamment les symboles pour communiquer avec nous. Apprendre à les interpréter est donc essentiel pour comprendre les messages qui vous parviennent en permanence. Lorsque vous remarquerez plusieurs fois de suite un élément inhabituel, c'est que l'un de vos accompagnateurs spirituels a un message pour vous. Inutile de chercher dans les dictionnaires le sens de ces symboles : c'est votre interprétation qui vous permettra de comprendre votre guide. Il vous faudra alors vous poser la question suivante : « Qu'est-ce que ça signifie pour moi ? » Lorsque votre regard est attiré à plusieurs reprises vers un même objet, soyez curieux de la raison pour laquelle cela arrive.

Votre mémoire

Le monde spirituel utilisera tout ce que vous avez vécu, lu, vu, toutes les personnes que vous avez un jour rencontrées pour vous donner de l'information. Si vous êtes en train de vaquer à vos occupations et que vous pensez soudainement à une personne que vous avez connue dans votre enfance, il est fort probable que votre guide entre en communication avec vous. Demandez-vous alors quelle relation vous aviez avec cette personne, ce qu'elle pensait de vous, ce que vous pensiez d'elle, quel souvenir particulier vous a réuni…

Les synchronicités

Lorsqu'on décide de faire de nos guides des compagnons de voyage sur notre chemin de vie, on prononce souvent le mot « magie ». Pour définir la synchronicité, je dirais que c'est une coïncidence délibérée, contrôlée. La synchronicité nous sidère, nous laisse sans voix, nous donne envie d'appeler tous ceux que l'on connaît pour leur raconter ce qui vient de nous arriver. Elle peut porter sur des sujets anodins ou cruciaux. Vous vous dites que vous avez envie de manger japonais et êtes dans une ville que vous ne connaissez pas quand, soudain, un flyer qui était sur le pare-brise d'une voiture s'envole jusqu'à vos pieds. Vous vous interrogez sur la meilleure façon de concrétiser un projet pendant que vous ouvrez votre boîte mail et vous tombez sur une publicité portant sur vos besoins. Plus on est attentif à ces heureux hasards, plus ils deviennent fréquents dans notre vie, nous la simplifiant infiniment.

Exercez votre clairaudience.

Les anges et les archanges aiment utiliser des intermédiaires pour répondre à nos questions. Avec cet exercice, vous entraînerez votre clairaudience. La clairaudience n'est pas seulement la capacité à entendre intérieurement le monde spirituel : c'est aussi la capacité de déceler, dans les bruits ambiants, les réponses à nos questions. Connectez-vous par la pensée à l'archange dont vous avez tiré le nom dans l'exercice « Votre archange et vous » en prononçant son nom intérieurement. Par exemple : « Gabriel, peux-tu me dire comment... ? » ou « Gabriel, aide-moi à... ». C'est la vibration de notre intention qui est lue par nos anges, non nos mots. Ne vous censurez pas quant à la question que vous voulez poser, mais assurez-vous que vous voulez réellement une réponse. Il peut s'agir de votre carrière, d'une histoire d'amour, d'un choix à faire...

Ensuite, dites à votre archange que vous souhaitez vous exercer à entendre sa réponse à travers les paroles que vous entendrez dans le courant de la journée. Ce jour-là, chaque fois que vous allumerez la télé ou la radio, chaque fois que vous sortirez, que vous entendrez quelqu'un parler – une personne qui fait la queue devant vous, votre voisin de table, une personne au téléphone... –, soyez très attentif à ce que vous entendez. Il vous suffira alors d'y déceler votre réponse. Elle est souvent claire, parfois plus cryptique. Si vous n'avez pas compris, demandez à votre archange plus de précisions et soyez à nouveau attentif à votre environnement.

Reconnaître vos guides grâce aux symboles.

Connectez-vous à votre guide par l'intention puis demandez-lui de vous montrer ce qui le symbolise le mieux. Fermez les yeux. Voyez-vous un objet apparaître sur votre écran mental ? Une idée émerge-t-elle ? Un souvenir vous revient-il en mémoire ? Si rien de tout cela ne vous a inspiré, fermez les yeux un instant, reconnectez-vous à votre guide, reposez-lui la question, puis rouvrez les yeux en regardant dans la direction de votre choix. Sur quel objet de votre environnement immédiat vos yeux se posent-ils ? Un miroir, un livre, une table... ? Quel sens lui donnez-vous ?

Lorsque votre attention sera dirigée vers un objet, une photo, un mot qui représente votre symbole, vous saurez quel guide est en train de communiquer avec vous.

....

....

....

....

....

....

....

Exercez-vous à observer et interpréter.

Imaginez aujourd'hui que tout ce sur quoi vos yeux se posent est une réponse ou un conseil de vos guides... Comment les interpréterez-vous ? (Choisissez quelques exemples de votre vie quotidienne.)
Exemple : vous êtes dans le train et vos yeux se posent sur le sac à main de votre voisine. Il s'agit d'un grand sac qui semble bien rempli. Qu'est-ce que cela pourrait signifier pour vous ? Que vous avez besoin d'un sac plus grand ? Que vous portez trop de choses depuis trop longtemps sur vos épaules et que vous avez à présent besoin de penser à vous ? Que des vacances vous feraient du bien ?

....

....

....

....

....

Créez une synchronicité.

Vous pouvez reproduire cet exercice à l'infini pour toutes les questions de votre vie. Optez pour une question fermée, dont la réponse est donc oui ou non. Trouvez un moment et un endroit calmes, connectez-vous à votre guide ou à un ange. Dites-lui : « Cher guide/ange, j'ai besoin d'une réponse à la question "...". Si la réponse est positive, fais en sorte de mettre sur ma route tel signe avant la fin de la semaine. » En guise de signe, choisissez un élément que vous n'avez pas l'habitude de voir, par exemple un chapeau mexicain, une tulipe violette, le mot « sérendipité », une étoile orange... Soyez créatif ! Puis laissez faire votre guide. Il saura trouver le moyen de vous mettre en relation avec le signe que vous avez choisi pour répondre à votre question si c'est positif. N'oubliez pas d'être présent et observateur du monde qui vous entoure.

....

....

....

....

....

Vous pouvez aussi décider.

Il existe de nombreux livres qui font correspondre un nombre ou un symbole à une signification. Je crois que nous pouvons définir pour nous-mêmes le sens de chacun de ces éléments pour en faire une base de communication avec nos guides. Plus vous personnaliserez votre communication, plus vous vous sentirez proche de vos guides, et plus vous aurez confiance en ce que vous ressentez.
Regardez chacun de ces chiffres, laissez-les vous parler et définissez ce que chacun représente pour vous ? N'hésitez pas à vous connecter à un guide temporaire des symboles, par exemple, pour vous sentir inspiré.

- 2 (exemple : dualité, opposition, ensemble, amour, couple, parité...) :

....

....

- 1 (exemple : solitude, divorce, unicité, premier, manque, petitesse, grandeur, ego...) :

....

....

- 6 (exemple : harmonie, beauté, ego, moitié, non fini, grossesse, yin, féminité, équilibre, déséquilibre) :

....

....

- 9 (exemple : sagesse, fin, yang, masculin, solitude, loin, accomplissement...) :

....

....

Amusez-vous à continuer cette liste afin d'activer votre imagination et votre créativité, d'étoffer votre propre dictionnaire des symboles et d'envoyer un message à vos guides et à votre inconscient leur disant que vous souhaitez établir une connexion étroite et personnelle.

....

....

....

....

....

Mots croisés

1. Nous devons nous y attendre car la vie est impermanente.
2. Qu'elle soit avec nos guides ou nos comparses, elle nous lie aux autres.
3. C'est un peu plus que la confiance.
4. N'est-ce pas le but de tout ce qui est ?
5. Ce groupe de personnes nous est si proche.
6. Elle peut être physique ou énergétique.
7. Ils peuvent être ici et ailleurs.
8. Un autre terme pour guides.
9. Un mélange de douceur et de finesse que nos guides utilisent.
10. Ce qui nous permet de distinguer ce qui est bon pour nous.
11. Si vous êtes chanceux, vous pouvez vous y promener chaque jour.
12. On les trouve sur notre chemin lorsqu'ils sont là.
13. Une autre façon de parler d'acceptation.
14. Ce sont elles que nous attendons lorsque nous avons des questions.

1
2
3
4
5
6
7
8
9
10
11
12
13
14

Chapitre 16

Une autre forme de guidance

Être guidé par l'énergie d'une personne vivante

Il y a quelques années, j'étais en plein doute sur les prochaines étapes de ma vie et je ne trouvais pas vraiment d'aide, ni parmi mes amis, ni auprès de mes guides. J'admirais alors beaucoup une personnalité américaine dont l'un des sujets de prédilection était justement la communication avec les guides. Depuis l'enfance, je ne fais pas vraiment la différence entre les défunts et les vivants, si ce n'est que les premiers n'ont pas de corps. Aussi me suis-je dit que je pouvais poser quelques questions à l'énergie de cette personne. Je l'ai fait par le biais de l'écriture inspirée. J'ai reçu la réponse à mes questions et j'aurais pu rester sceptique quant à la véracité de cette communication toute ma vie si, au cours de mon écriture, son énergie ne m'avait pas dit que nous nous rencontrerions et ferions connaissance. À l'époque, je ne voyais pas comment une telle opportunité était envisageable étant donné tout ce qui nous séparait. Deux ans plus tard, les « hasards » de la vie et une parfaite synchronicité nous ont fait nous rencontrer et, chose tout à fait étonnante, lorsque cette personne m'a vue pour la première fois, son visage s'est éclairé, comme si elle me reconnaissait. Les paroles qu'elle a prononcées ce jour-là ressemblaient étrangement à celles que j'avais écrites. Cela m'a confortée non seulement dans le fait que ma communication avec son énergie était réelle, mais qu'il est possible de recevoir de la guidance de personnes vivantes avec qui nous partageons une passion commune et qui ont un peu d'avance sur nous dans la manifestation physique de cette passion. Je crois ce phénomène possible car notre énergie s'étend bien au-delà de notre corps et que sa nature n'est pas différente de celle de nos guides. Même si notre mental rétrécit la vision que nous avons de nous-mêmes, entrer dans le monde de l'énergie nous permet de concevoir qu'il est possible de communiquer avec tout, avec tous.

Moi-même, il m'est arrivé de ressentir que les personnes qui participent à mes stages me questionnent, pensent à m'appeler ou aimeraient que je les aide sur un aspect de l'enseignement. Ce n'est pas mon mental qui répond, mais je sais que quelque chose de moi le fait avec grand plaisir.

Comment établir cette forme de communication

Je ne le fais pas comme avec les guides qui m'accompagnent au quotidien. Je sens que j'ai besoin de préparation, un peu comme avec les guides enseignants, les groupes de conscience et les maîtres ascensionnés. Je médite un moment, clarifie parfaitement ce que je veux demander, puis je prends mon cahier d'écriture inspirée. Je me branche sur l'énergie de la personne auprès de laquelle je recherche de la guidance en pensant à elle, à ses écrits, à ses paroles, à sa voix (si je la connais)... Quand je me sens connectée (lorsque je

perçois un changement énergétique autour de moi), je pose mes questions puis je me mets à écrire ce qui vient. Une fois la communication terminée (plus rien ne me vient à l'esprit ou le changement énergétique observé précédemment s'atténue), je remercie la personne sollicitée et lui envoie mes pensées d'amour.
Si vous n'êtes pas encore rompu à l'exercice de l'écriture inspirée, vous pouvez demander à l'énergie de la personnalité de votre choix de vous envoyer un rêve inspirant, par exemple, ou opter pour un oracle.

Quelles questions poser à l'énergie d'une personne vivante ?

Dans la mesure où nos guides peuvent nous apporter guidance et conseil sur la majorité des sujets qui nous préoccupent, les questions que l'on peut poser à l'énergie de nos personnalités préférées pourraient être essentiellement axées sur la façon dont elles ont réussi dans leur domaine : quelles sont les compétences nécessaires pour vivre de sa passion ? Comment s'y prendre ? Quelles sont les différentes étapes nécessaires ? Quelles étaient leurs pensées et leur énergie ? Quelle charge de travail a été nécessaire pour en arriver là ? (On peut être étonné d'apprendre que ces personnes sont de véritables bourreaux de travail.)

Le monde de l'énergie et de l'esprit est un monde de fraternité et une source intarissable d'aide et de soutien. Rappelons-nous souvent que la seule limite à cette aide est notre tête qui nous raconte que des choses sont possibles et d'autres non.

Je me connecte à la personne qui m'inspire.

Imaginez que l'on vous accorde cinq minutes avec une personne qui a réussi dans le domaine dans lequel vous rêvez de réussir. Que lui demanderiez-vous ? Rappelez-vous : il ne s'agit pas de parler de vous, mais de lui demander conseil pour vous permettre d'avancer dans vos projets.

Le temps des réponses

À présent, apprêtez-vous à recevoir les réponses de votre guide encore présent en ce monde. Pour cela, trouvez un endroit calme et, après quelques profondes inspirations, ancrez-vous. Prenez le temps de penser à la personne choisie, à sa façon de s'exprimer, à ses gestes, aux détails que vous connaissez d'elle. Cela vous permettra de vous connecter à son énergie. Lorsque vous sentez que votre propre énergie change grâce à cette nouvelle connexion, posez une première question et observez si de nouvelles pensées arrivent dans votre esprit. De nouvelles idées jaillissent-elles ? Dans votre tête, entendez-vous la voix de votre guide vivant ou la vôtre ? Observez votre corps. Êtes-vous calme ? excité ?

Les bonnes questions pour de meilleures réponses

Il est parfois difficile de faire la différence entre ce que notre ego veut et ce qui est bon pour nous. Nos guides peuvent alors s'avérer d'une grande aide pour nous apprendre à accepter les cadeaux de la vie au lieu de nous opposer à elle.

Remplacez les questions suivantes afin que vos guides vous apportent la plus grande aide possible.

- Est-ce que je vais obtenir ce poste ?

- Est-ce qu'il (elle) est amoureux (-euse) de moi ?

- Vais-je rencontrer la personne de mes rêves avant la fin de l'année ?

- Puis-je devenir un canal/channel ?

- Est-ce que je vais vivre dans l'abondance ?

Mot caché

Dans cette grille, le premier mot sur lequel vos yeux se poseront représente le domaine, que vous en soyez conscient ou non, qui a besoin d'une réponse de vos guides.

G	H	C	J	I	I	I	F	A	M	I	L	L	E
C	H	N	V	U	N	R	S	P	P	A	S	S	É
E	N	F	A	N	T	I	W	R	F	S	F	P	J
I	W	Q	A	L	D	B	E	S	O	I	N	S	O
K	X	Z	W	Q	Y	K	R	S	X	T	J	R	N
I	H	E	Y	U	H	Y	O	G	Z	E	G	L	N
E	U	M	D	O	R	E	L	A	T	I	O	N	S
R	L	V	B	I	E	N	Ê	T	R	E	X	O	H
O	G	L	O	M	I	R	I	C	H	E	S	S	E
E	N	C	N	Y	W	P	L	T	E	Z	M	L	Z
J	T	T	Y	U	E	N	R	L	R	M	W	P	F
L	Z	I	D	C	X	C	A	R	R	I	È	R	E
T	Q	C	I	Z	I	V	I	S	N	V	D	K	J
H	P	H	G	T	V	Q	D	É	S	I	R	S	A

Affirmation du jour

Je m'ouvre à la réalité que je suis aidé, soutenu, aimé à chaque instant.

1 - Un guide, c'est quoi ?

S'ouvrir à d'autres systèmes énergétiques

Voici les réponses reçues par une personne qui a pratiqué ce même exercice :

- **Nuage :** La vie est éphémère et éternelle à la fois. Je me forme et m'éclipse en un instant et pourtant ce qui me forme existe depuis que ce monde existe.
- **Chêne :** La vie, c'est puiser dans la sève de la terre pour s'unir au ciel.
- **Rivière de montagne :** La vie, ce sont des rencontres, des fous rires, des escapades, des paysages toujours changeants pour un jour rejoindre le grand flot de l'unité.
- **Boue :** La vie est indescriptible, elle n'a pas de forme, elle peut se former, se déformer, se reformer, une âme peut devenir multitude ou une.
- **Grain de sable dans le désert :** Vous ne le savez pas, mais je détiens en moi les secrets de l'Univers entier. La vie, c'est s'ouvrir à cette réalité et vivre à partir d'elle. En toute humilité.

Mots mêlés

J	I	S	M	C	J	W	B	O	T	Y	J	X	U	T	Q	T	S	W	Z	V	C	T	M	B
I	N	T	E	R	M	É	D	I	A	I	R	E	S	O	U	Y	M	I	M	W	H	G	O	M
V	W	V	U	R	D	P	O	V	Z	N	A	M	E	S	N	W	L	D	T	Q	I	A	N	A
U	B	M	Q	Z	P	S	E	H	C	I	F	F	A	C	O	E	F	É	X	W	F	T	N	K
U	O	P	D	L	V	Z	F	J	U	J	Y	P	H	K	D	U	A	E	O	Y	F	Q	A	I
W	I	A	U	L	S	U	L	J	N	X	S	R	L	Y	V	A	V	S	I	X	R	X	I	T
F	O	M	J	J	S	Y	A	L	V	F	O	N	W	H	A	U	S	E	L	R	E	G	E	H
F	E	T	P	E	U	F	H	K	G	N	E	G	O	J	F	E	Y	K	N	G	S	R	T	C
S	J	F	V	E	M	X	L	I	I	Y	C	J	V	S	V	W	Q	Y	D	I	D	N	W	H
Q	P	F	D	H	N	K	Y	C	Z	T	A	U	D	Ê	N	X	S	F	W	M	R	N	F	M
K	L	X	O	R	F	S	I	M	M	J	M	E	R	K	G	A	J	K	U	W	N	S	D	T
F	G	A	X	H	D	T	É	K	M	E	U	Q	I	S	U	M	H	E	L	M	Y	M	C	D
G	C	Y	D	D	É	U	P	E	B	F	X	T	N	I	B	C	S	C	T	D	O	Q	V	A
B	E	Y	F	S	C	S	H	F	S	C	O	D	T	T	K	M	B	I	S	D	U	I	O	R
P	Q	B	T	K	R	F	E	K	I	H	C	N	Y	P	S	M	I	T	E	S	J	P	P	Y
K	X	M	R	V	K	Z	J	Z	Y	D	P	F	N	D	E	K	A	U	S	E	P	G	T	X
O	Y	Y	D	O	N	E	T	L	Z	E	N	I	B	U	R	X	R	Y	D	G	S	O	R	F
B	H	T	G	Y	M	Z	E	Z	C	W	F	Z	D	B	V	S	S	L	D	A	O	M	R	G
R	X	H	C	I	H	Z	N	V	G	P	R	K	P	W	I	P	R	B	F	U	B	U	D	X
S	O	W	T	S	C	W	N	H	F	A	U	K	H	W	L	E	F	U	N	N	O	E	C	K
S	O	Q	O	Z	R	G	V	K	V	W	M	P	O	F	P	L	L	V	K	M	F	W	G	T
C	X	H	P	W	R	S	Y	N	A	W	K	Y	S	U	B	F	A	D	U	F	H	X	D	E
V	K	V	K	J	A	E	F	F	L	E	U	R	E	M	E	N	T	H	Z	Z	X	J	M	W
O	G	T	G	K	R	O	U	U	P	P	P	P	R	D	K	G	F	F	O	H	O	W	J	Z
L	P	U	I	B	W	R	P	Q	Y	E	H	F	T	M	S	K	R	O	F	I	I	A	K	Y

2 - Idées reçues

Qui êtes-vous ?

Pour vous inspirer, voici ce qu'une personne a expérimenté lors d'une consultation et qu'elle m'autorise à partager :
La première image qui s'est présentée à elle lorsqu'elle est entrée en état méditatif et a demandé à son essence de se présenter à elle est l'énorme lustre qui était au plafond du salon de son enfance. En continuant de l'observer, elle l'a vu parfois allumé, parfois éteint. Après avoir demandé des précisions sur cette image, elle a eu l'intuition que cela signifiait qu'elle avait besoin des autres pour se sentir lumineuse, vivante. Seule, elle avait l'impression de ne pas être tout à fait complète elle-même, mais, dès qu'elle était entourée, dès qu'on l'« allumait », elle était pétillante.

Vrai ou faux

- Les guides nous conseillent mais ne prennent jamais les décisions à notre place.......... V/F
- Il est préférable de suivre les conseils qui nous sont donnés, sous peine que nos guides soient moins présents dans notre vie. .... V/F
- Nous devons absolument faire une prière avant de communiquer avec nos guides. .... V/F
- On peut dire que communiquer avec les guides doit se mériter, en quelque sorte. .... V/F
- Les guides ne peuvent pas agir sur la matière pour nous venir en aide. .... V/F
- Lorsque nous débutons, il est judicieux de se référer à un médium ou à un canal pour vérifier que nous ne nous leurrons pas. .... V/F
- Les guides nous aiment quoi que nous fassions, au-delà de ce que nous faisons. .... V/F
- Communiquer avec les guides change considérablement nos habitudes et notre mode de vie. .... V/F
- Vous ne pouvez pas converser avec un guide comme vous le feriez avec une personne « corporisée ». .... V/F

3 - Nos ancêtres

Double puzzle

I P S A T V S I É

P	A	S	S	I	V	I	T	É
	27	6	9		28			

M Ï G O É S E

É	G	O	Ï	S	M	E
	23			22		8

A N I T N T O I N T E

I	N	A	T	T	E	N	T	I	O	N
5	33	14	40	46	11	37		24	32	

I R E O A N H P P S N É

A	P	P	R	É	H	E	N	S	I	O	N
			2			21		12			

C È E O L R

C	O	L	È	R	E
38		44			3

O É E G T C M S E I N R

É	G	O	C	E	N	T	R	I	S	M	E
	15		31	1				45	17	10	29

E T T E A T N

A	T	T	E	N	T	E
36			19			16

É L M N R P T I E L E A P

É	P	A	R	P	I	L	L	E	M	E	N	T
47		41			35	7		26	20	39		

A F T O N I I S C M T I Y

M	Y	S	T	I	F	I	C	A	T	I	O	N
		13			34	43	30				4	

O T C I D D I N A

A	D	D	I	C	T	I	O	N
	18	25		42				

J	E		R	E	Ç	O	I	S		L	E	S		M	E	S	S	A	G	E	S
	1		2	3		4	5	6		7	8	9		10	11	12	13	14	15	16	17

D	E		M	E	S		G	U	I	D	E	S		A	V	E	C
18	19		20	21	22		23		24	25	26	13		27	28	29	30

C	O	N	F	I	A	N	C	E		E	T		F	A	C	I	L	I	T	É
31	32	33	34	35	36	37	38	39		8	40		34	41	42	43	44	45	46	47

4 – Les anges et les archanges

Faites connaissance avec les archanges

- Il est l'archange de la beauté et des arts. On l'invoque quand on a besoin d'inspiration mais aussi de bonheur, de joie, de rire, de détente. Il sait toujours déposer de belles pensées positives en nous. → Jophiel

- C'est l'archange des relations, en particulier les relations amoureuses. Il est connu pour aider à trouver l'âme sœur. On l'invoque pour guérir les cœurs brisés, arrêter les schémas répétitifs, réparer les blessures d'enfance qui empêchent les relations harmonieuses. → Chamuel

- On l'invoque lorsqu'on a besoin d'être rassuré moralement ou que notre intégrité physique est menacée. C'est l'archange de la protection. Il donne courage et force dans tous les aspects de nos vies. → Michaël

- Il est l'archange qui vous aidera à retrouver le chemin du rétablissement. Vous pouvez l'invoquer pour tous les maux, qu'ils soient physiques, émotionnels, spirituels. On lui demande de l'aide pour guérir nos liens défectueux, notre passé... Il aide les thérapeutes. → Raphaël

- C'est l'archange de la perspective. Vous serez inspiré de regarder une situation sous tous ses aspects. On peut l'invoquer quand on a une décision à prendre et que l'on a peur d'occulter certains aspects. Il est l'archange de la clarté. → Uriel

- On l'appelle quand on est en plein de doute et qu'on ne sait plus quel chemin prendre. Il saura faire preuve de créativité pour vous montrer toutes les possibilités qui s'offrent à vous. Il est le protecteur et l'inspirateur des créateurs et chercheurs. → Gabriel

- Il est l'archange de l'élévation non seulement spirituelle, mais aussi intellectuelle, morale, sociale. Il est connu pour nous aider à pardonner à l'autre et à soi, il transforme l'énergie négative en positive. Il apporte noblesse du cœur, tolérance, compassion et justice. → Zadkiel

Labyrinthe

Un archange, une pierre, une couleur

Raphaël → Couleur : vert émeraude. Pierre : malachite.

Gabriel → Couleur : blanc. Pierres : cristal de roche et sélénite.

Uriel → Couleur : orange. Pierre : œil de tigre.

Chamuel → Couleur : rose pâle. Pierres : quartz rose, aqua aura rose.

Jophiel → Couleur : jaune. Pierre : quartz rutile.

Michael → Couleur : bleu roi. Pierre : lapis-lazuli.

Zadkiel → Couleur : violet. Pierre : améthyste.

5 – Les guides temporaires

Messages de votre guide temporaire

C'est un vieux schéma qui se répète encore. Ce n'est pas la fatalité, vous avez juste besoin de commencer à faire et regarder les choses différemment. Un jour à la fois, faites quelque chose de nouveau pour engendrer la nouveauté dans votre vie.

Pour l'instant, vous mesurez votre valeur personnelle sur l'avis des autres. Il est temps de vous libérer de leur opinion car ils n'ont d'autre pouvoir que celui que vous avez vous-même mis entre leurs mains. Allez vers ceux qui vous estiment exactement tel que vous êtes.

La situation actuelle demande que vous preniez soin d'une partie de vous que vous n'avez jamais pris le temps d'écouter. Vous êtes toujours présent pour les autres mais personne ne connaît cette tristesse profonde qui habite votre cœur. Ne forcez plus votre sourire, reconnaissez vos émotions pour mettre de l'authenticité dans votre vie.

Tout ira bien maintenant. Vous avez simplement besoin de quitter votre vision étroite du monde et d'accepter la guidance de votre soi supérieur. Regardez la situation à partir d'une perspective plus élevée plutôt que de vous attarder sur les chicaneries qui vous entourent. N'y participez pas, soyez celui qui possède la vision.

Vous pouvez vous fier à votre intuition désormais. Elle est la clé de votre confiance en vous. C'est votre force, ce qui vous permet d'accepter le monde extérieur en vous et de ne plus en avoir peur. Elle vous apprend à suivre votre propre chemin en compagnie des autres, pas contre les autres.

La partie masculine en vous a elle aussi besoin de s'exprimer. Avoir des idées, échanger, partager, c'est très bien, mais vous avez besoin d'entrer en action. Vous vous languissez de la réalisation de ce qui vous tient à cœur mais vous n'agissez pas encore pour le faire exister. La plus petite action de votre part entamera un nouveau cycle.

Il est des situations dans la vie qui paraissent injustes, c'est pourtant grâce à elles que les vrais changements se réalisent. Essayez de ne pas les maudire et de voir ce qu'elles vous ont permis de devenir. Abandonnez-vous à la vie : quoi qu'elle vous apporte peut devenir une bénédiction si vous en décidez ainsi.

Parlez ! Personne ne viendra chercher à l'intérieur de vous ce qui s'y passe ou qui vous êtes. Ce que vous voulez qu'on sache de vous, dites-le. Vous aimeriez que les autres voient vos talents ? Montrez-les. Vous verrez que l'accueil qui vous sera réservé sera plein de bienveillance. Apprenez à ne plus voir l'autre à travers vos propres filtres.

6 – Les groupes de consciences

Quiz : « Qui vous accompagne ? »

Reportez-vous au score le plus élevé pour connaître les guides qui sont dans vos énergies actuellement.

A : Ce sont les anges qui sont autour de vous et remplissent votre vie de joliesse, de douceur et d'amour.

B : Cette phase de votre vie amène des maîtres ascensionnés ou groupes de conscience à vous instruire afin qu'à votre tour vous puissiez apprendre aux autres.

C : Un nouveau guide, certainement temporaire, a fait son apparition dans votre vie pour vous aider à accomplir votre rêve, la mission que vous vous êtes octroyée.

D : Vos grands-parents ou un ancêtre sont proches de vous pour vous apporter réconfort, amour filial, protection.

E : Les esprits de la nature se sentent proches de vous, vous emplissent de leur sagesse et font de vous un digne représentant du « petit peuple » dans le monde pour la protection de la nature et de la Terre.

7 – Les esprits de la nature

Mots croisés

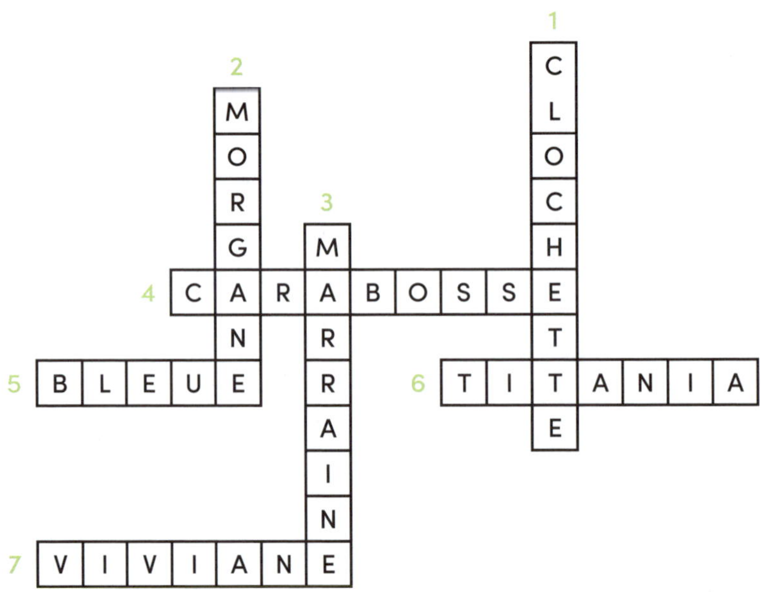

Mots mêlés

W	J	S	J	D	X	G	E	M	Y	B	A	C	V	L	R	P	V	K	Y
E	N	È	R	I	S	É	É	O	U	X	J	X	A	O	F	B	R	E	A
X	V	G	T	E	D	A	F	J	W	O	T	T	L	A	U	M	X	X	Y
S	A	J	F	R	T	N	D	S	Z	R	N	K	U	S	M	I	S	R	H
T	J	C	U	D	C	T	G	D	C	W	L	N	T	X	I	T	V	U	W
N	O	P	F	N	O	M	M	T	V	D	E	B	P	Y	N	H	N	R	J
O	P	M	F	A	X	Y	A	A	E	F	N	Q	J	S	N	I	S	C	E
O	G	S	H	M	N	C	W	A	X	N	Y	Q	T	D	Z	K	J	T	G
B	S	H	H	A	X	P	C	R	L	V	R	E	Z	J	J	W	A	X	R
M	V	H	M	L	C	S	Y	L	P	H	E	O	W	T	F	S	O	Z	E
E	P	Z	B	A	M	O	I	Q	T	K	R	S	C	R	J	X	N	F	B
X	D	S	R	S	D	U	R	X	E	E	A	W	H	I	C	Q	M	D	E
H	W	I	Y	Q	R	T	L	C	H	Y	V	Y	O	W	L	I	F	I	W
M	A	S	M	N	A	P	D	P	J	Z	R	G	J	K	U	J	L	B	B
F	T	U	R	O	U	H	M	D	F	F	L	L	M	O	G	X	G	B	L
W	A	T	A	Q	N	Y	T	J	S	H	Y	X	S	Y	E	R	F	E	U
C	E	C	E	S	N	G	K	E	R	H	G	A	H	Q	Q	X	B	L	T
P	V	L	S	N	K	H	Y	V	K	I	S	U	H	R	Z	D	P	B	I
G	F	T	X	Q	Q	U	D	H	E	L	Y	K	E	O	H	P	B	R	N
E	N	I	D	N	O	P	P	C	H	H	C	R	E	O	S	U	V	J	E

8 – Les guides et nous

Rôle de votre guide dans le moment présent

Votre guide vous aide à... :

- Le Bateleur : ... commencer une nouvelle étape, trouver de nouvelles ressources, de l'énergie, faire simple.

- La Papesse : ... cultiver votre espace intérieur, votre patience, apprendre davantage sur un sujet avant de vous lancer.

- L'Impératrice : ... affirmer qui vous êtes, retrouver votre pouvoir personnel, vous opposer avec grâce à ce qu'on tente de vous imposer.

- **L'Empereur :** passer à l'action, faire preuve de responsabilité, affirmer votre autorité naturelle, votre charisme.

- **Le Pape :** ... faire preuve de sagesse et de discernement, être capable d'envisager toutes les perspectives.

- **L'Amoureux :** ... prendre une décision, accepter les conséquences d'un choix, retrouver le chemin de votre cœur.

- **Le Chariot :** ... focaliser votre attention, accepter l'échec, apprendre de lui, avancer malgré les obstacles.

- **La Justice :** ... remettre de l'ordre dans votre vie, retrouver l'équilibre, trouver la justesse ou la vérité.

- **L'Ermite :** ... avoir l'envie et la patience d'apprendre, faire preuve de pédagogie, l'introspection, l'acceptation de la solitude momentanée.

- **La Roue de la fortune :** ... accepter l'impermanence, amorcer des changements, débloquer une situation.

- **La Force :** ... trouver du courage, maîtriser ses impulsions ou des addictions, trouver les mots pour aider les autres.

- **Le Pendu :** ... regarder tous les aspects d'une situation, développer votre intuition, accepter ce qui se présente.

- **L'Arcane sans nom :** ... accepter les fins de cycle, guérir les chagrins d'amour, trouver du beau dans la nouveauté.

- **La Tempérance :** ... faire place à la douceur et au réconfort en soi, savoir transmettre ses idées, vivre en harmonie avec soi et les autres.

- **Le Diable :** ... faire confiance en votre instinct, habiter votre corps, accepter votre corps, vous ancrer, aimer la vie.

- **La Maison Dieu :** ... balayer vos idées préconçues et jugements, vous reconstruire, purifier votre environnement et votre « soi ».

- **L'Étoile :** ... apprendre à vous aimer tel que vous êtes, devenir intuitif et connecté, retrouver l'espoir.

- **La Lune :** ... débloquer les capacités enfouies, l'intuition, se reconnecter au passé, lever les doutes.

- **Le Soleil :** ... faire la clarté en soi, trouver et libérer sa lumière intérieure, fonder des amitiés solides.

- **Le Jugement :** ... trouver l'inspiration, faire des prises de conscience profondes, communiquer plus facilement.

- **Le Monde :** ... apprendre à voir la vie du bon côté, voir ce que vous avez et non ce qui manque, regarder vers le bonheur.

• Le Mat : ... retrouver sa liberté et son indépendance, trouver le courage de quitter une situation, lâcher prise, lâcher le contrôle.

Qui vous parle ?

Comment vivre dans l'abondance ?

Ancêtre éloigné → L'abondance, tu la trouveras dans ton cœur quand tu commenceras à accomplir ce qui t'anime profondément.

Le monde magique des fées → Ne vois-tu pas l'abondance autour de toi, les milliards d'étoiles, l'infinité des océans ? Promène-toi dans un jardin et essaie de compter les brins d'herbe. L'abondance est là, partout, allège ton cœur !

Archange Michaël → L'abondance se crée par la pensée. Pense à elle, vis-la, sens-la et il ne tardera pas le temps où tu la verras remplir ta vie.

Grand-père → L'abondance, tu verras, c'est l'amour des tiens. Il n'y a que cela qui restera un jour.

Serapis Bey, maître ascensionné → L'abondance ne se trouve pas dans les livres ni dans les paroles de ceux qui la vendent. Elle demande responsabilité, action, partage et vision !

Est-ce que tout le monde peut recevoir de la guidance ?

Ancêtre éloigné → Oui.

Le monde magique des fées → Si, dans ton imagination et dans ton cœur, tu sens que nous existons et que nous sommes tes amis, alors pourquoi ne pourrais-tu pas être guidé ?

Archange Raphaël → La guidance est offerte à chaque instant, chaque pensée, chaque interrogation. Accepte de la recevoir en clarifiant tes attentes, focalise ton attention.

Grand-mère → Je suis près de toi, tout le temps !

Pallas Athéna, maître ascensionné → La forme de guidance que nous offrons est puissante et demande de l'attention et le souhait de transmettre à l'ensemble nos paroles de sagesse.

10 – Différence entre l'intuition et l'intervention des guides

Retrouvez l'affirmation du jour

MON CHAMP ÉNERGÉTIQUE IRRADIE DANS LE MONDE POUR LE RENDRE PLUS LUMINEUX ET JOYEUX

11 – Les clés d'une bonne communication avec nos guides

Mots mêlés

U	E	A	H	C	E	E	N	R	C	L	H	E	V	W	O	É	A	I	L
K	Z	X	K	C	R	I	A	O	C	L	A	R	T	É	O	T	L	M	I
U	N	E	R	X	E	É	M	F	I	T	C	E	J	B	O	I	L	J	N
T	S	O	U	T	C	W	A	A	O	S	A	M	Q	V	U	S	É	K	T
I	F	B	U	V	T	D	E	T	G	U	N	R	E	Y	X	O	G	K	U
H	E	O	R	A	N	C	E	H	I	I	V	A	B	H	G	I	R	N	I
P	C	N	W	D	N	V	R	Z	E	V	N	E	P	O	O	R	E	Q	T
É	U	I	S	E	R	S	O	E	D	V	I	A	R	X	A	U	S	N	I
T	S	W	O	T	L	G	Q	K	U	F	I	I	T	T	E	C	S	A	O
S	H	É	O	U	V	S	T	H	T	I	A	T	É	I	U	F	E	L	N
V	R	Y	G	Q	I	V	H	D	I	L	K	N	C	E	O	R	R	S	O
P	G	S	A	K	Q	G	X	M	T	E	A	D	U	E	V	N	E	T	G
L	C	O	N	C	E	N	T	R	A	T	I	O	N	D	P	P	M	U	Z
E	D	T	F	P	V	B	M	N	R	G	N	U	I	E	U	S	É	Q	O
I	T	B	J	Z	J	E	U	M	G	C	H	C	Z	D	Q	R	R	O	F
G	T	N	E	M	E	L	L	I	E	V	R	E	M	É	I	Z	Y	E	D
A	K	B	M	I	V	A	V	E	V	T	W	U	H	S	G	A	I	B	P
M	M	E	D	B	T	V	V	P	R	J	Q	R	O	O	H	S	A	E	W
C	S	P	R	V	M	A	S	V	N	H	O	N	Q	K	C	U	D	R	P
I	L	V	A	Y	R	Q	V	C	V	K	W	Z	J	C	E	Q	Z	Z	M

Cryptogramme

A	B	C	D	E	F	G	H	I	J	K	L	M	N	O	P	Q	R	S	T	U	V	W	X	Y	Z
22	19	8	7	18	10	24	16	20	11	25	5	15	6	17	9	4	13	2	14	23	1	26	21	12	3

N E   C R A I G N E Z   J A M A I S   D E   F A I R E
6 18   8 13 22 20 24 6 18 3   11 22 15 22 20 2   7 18   10 22 20 13 18

T R O P   S O U V E N T   A P P E L   À   V O S
14 13 17 9   2 17 23 1 18 6 14   22 9 9 18 5   1 17 2

G U I D E S   E N S E I G N A N T S . I L S   S O N T
24 23 20 7 18 2   18 6 2 18 20 24 6 22 6 14 2   20 5 2   2 17 6 14

D ' A B O R D   L À   P O U R   V O U S   Q U I
7 22 19 17 13 7   5   9 17 23 13   1 17 23 2   4 23 20

C H E R C H E Z   V O T R E   C H E M I N   D A N S   L A
8 16 18 13 8 16 18 3   1 17 14 13 18   8 16 18 15 20 6   7 22 6 2   5 22

N U I T   N O I R E . D E M A N D E Z   E T   V O U S
6 23 20 14   6 17 20 13 18   7 18 15 22 6 7 18 3   18 14   1 17 23 2

R E C E V R E Z
13 18 8 18 1 13 18 3

12 – Que demander à nos guides ?

Mots coupés

CARR	IÈRE	AMO	UR H	ABIT	ATIO	N AM	ITIÉ
ÉTU	DES	CUIS	INE	BRIC	OLAG	E CH	EMIN
ARG	ENT	BIEN	-ÊTR	F VA	CANC	ES F	AMIL
LE S	PIRI	TUAL	ITÉ	CULT	URE	SPOR	T AL
IMEN	TATI	ON S	ANTÉ	SCI	ENCE		

13 – Quand les signes n'en sont pas

Vos guides vous parlent par les nombres

27 : « Cette situation a assez duré. Il est temps d'y mettre fin car elle ne sert pas ton évolution. Fais appel à notre aide pour te faciliter l'acceptation de cette nouvelle étape. »

31 : « Pense à ton ancrage régulièrement. Tu te laisses souvent disperser par tes pensées qui ont tendance à aller dans tous les sens. Reviens dans votre corps, prends une pierre entre tes mains pour te souvenir que la réalité est souvent moins désolante que ce que l'ego te fait croire. »

15 : « Sache qu'il n'est pas nécessaire de te battre ou d'entrer en conflit pour faire entendre ta voix. Connecte-toi à moi pour retrouver l'harmonie en toi et autour de toi. »

12 : « Tes beaux projets reçoivent tout le soutien dont tu as besoin. Ils seront féconds si tu passes du temps à y travailler plutôt qu'à essayer de convaincre ceux qui ne croient pas en toi. »

68 : « Ce changement est très positif pour toi : tu t'alignes à ta nature et tu cesses de te conformer à ce que les autres attendent de toi. Tu es sur le chemin du retour à la maison. »

92 : « Ta sensibilité n'est pas un fardeau, mais le plus beau des cadeaux. Offre-la à ceux qui savent la recevoir. Ne la cache pas au monde, elle est si précieuse. »

10 : « Allez, il est temps de passer à l'action ! Tu as ce qu'il te faut pour commencer, le reste viendra au fur et à mesure. N'attends pas de tout avoir pour démarrer. Crois en ce que tu as déjà. »

43 : « Un peu de calme et de retrait te seront très bénéfiques. La spiritualité t'appelle et elle a besoin de ton silence intérieur pour te révéler ses mystères. Médite, respire, peins, écris. »

26 : « Le matérialisme n'est pas une chose négative et il n'existe rien qui ne soit pas spirituel tant qu'y règnent harmonie et amour. Ose affirmer et demander ce que tu souhaites vraiment, je t'entends et je suis à tes côtés. »

15 – Comprendre le langage des guides

Mots croisés

16 – Une autre forme de guidance

Les bonnes questions pour de meilleures réponses

Poser des questions légèrement « à côté » de la réponse souhaitée vous permettra de vous habituer à vous ouvrir à d'autres possibilités que celles qui sont devant vous.

- **Est-ce que je vais obtenir ce poste ?**

En quoi ce poste que je vise est-il bon pour moi ? Pourquoi ce poste m'est-il présenté par la vie ?

- **Est-ce qu'il (elle) est amoureux (amoureuse) de moi ?**

Cet homme (cette femme) peut-il (peut-elle) me rendre heureuse (heureux) ? Qu'ai-je à apprendre de cette rencontre ?

- **Vais-je rencontrer la personne de mes rêves avant la fin de l'année ?**

Pourquoi est-ce que je ressens le besoin d'être avec quelqu'un ? Une relation est-elle réellement la réponse à mon désir de bonheur ?

- **Puis-je devenir un canal/channel ?**

Ai-je suffisamment en moi pour devenir un canal ? Depuis la perspective des guides, qu'est-ce qu'un bon canal ?

- **Est-ce que je vais vivre dans l'abondance ?**

Comment apprendre à voir l'abondance dans tous les aspects de la vie ? Comment entretenir un esprit d'abondance et non de limitation ?

Bibliographie

ANDREWS (Ted), *Les Guides Spirituels : les rencontrer et travailler avec eux*, éditions Alliance Magique, Toulouse, 2019.

ROMAN (Sanaya) & PACKER (Duane), *S'ouvrir au channeling - Comment se relier à son guide*, Mama éditions, Paris, 2013.

ROSEN (Rebecca), *Communiquez avec vos guides spirituels et les âmes de vos proches*, éditions Exergue, Pars, 2011.

CAMERON (Julia), *Libérez votre créativité - Un livre culte !*, éditions J'ai lu, Paris, 2007.

DILLARD (Sherrie), *Vous êtes médium: Révélez votre aptitude naturelle à communiquer avec l'Au-delà*, éditions Alliance Magique, Balma, 2021.

DEBRA KATZ (Lynne), *Vous êtes clairvoyant*, éditions ADA, Varennes, 2016.

CHOQUETTE (Sonia), *Demandez à vos guides - Comment entrer en contact avec votre réseau de soutien divin*, éditions Exergue, Paris, 2016.

VIRTUE (Doreen), *Archanges et maîtres ascensionnés : Un guide pour communiquer et guérir avec les êtres célestes et les déités*, éditions J'ai lu, Paris, 2015.

Derrière ce cahier

À propos de l'auteure :

Johanna Hani est formatrice dans les domaines de l'intuition et en développement personnel et spiritualité. Elle anime des stages depuis une dizaine d'années. Passionnée par la transmission, elle aime créer et développer de nouvelles techniques et outils qui permettent de démystifier et de rendre plus accessible le monde spirituel.

Crédits iconographiques :

Les illustrations ont été réalisées par Stéphanie Gras, secondée par Julie Bonsignori.

Les quelques illustrations suivantes viennent de :

Illustratrice : Caroline De Ruffray (p. 57).

Shutterstock : Kusumayana KST (p. 88), MasterInkDigital (p. 89).

Les habillages proviennent d'iStock et de Shutterstock. Ci-après les artistes :

iStock : StarLineArts, Insh1na, Liana Monica Bordei, MsMoloko, Oksana Ermak, Dahabian, JoeLena, ok-sana, Mellok, Roberto Scandola, Vectorig, SpicyTruffel, WA$$UP!!!, Marina Tikhoplav, Oleksandr Pupko, AdiniMalibuBarbie, bettafish, NatuskaDPI, JoeLena, vectortatu, Roberto Scandola, Gastonbolivario, S-E-R-G-O, Anna Erastova.

Shutterstock : EVKA.

Dans la même collection

Broché 17 x 24 – Illustrations couleurs – 9,95 €

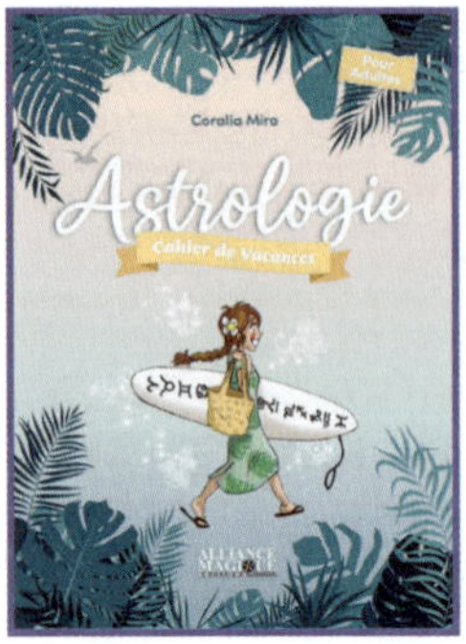

Astrologie, Coralia Mira

Avec ce cahier, plongez au cœur de l'astrologie prédictive à travers des leçons et des jeux amusants qui vous permettront d'entrer en toute sérénité dans l'observation du ciel et la lecture des présages. Vous verrez que cette astrologie, bien plus épurée que l'astrologie moderne, est redoutablement efficace !

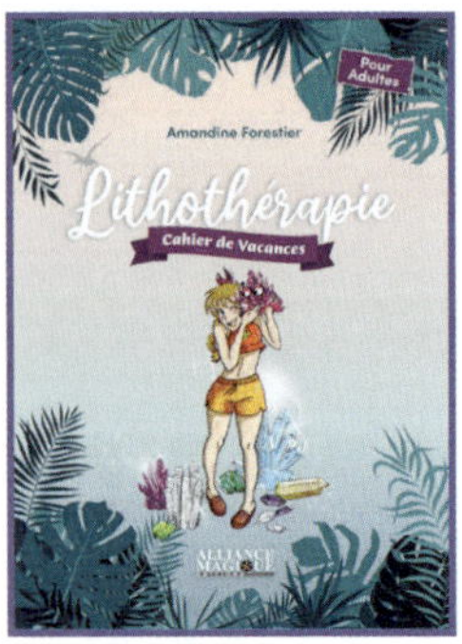

Lithothérapie, Amandine Forestier

Les pierres sont de superbes alliées ! Elles apportent des énergies fabuleuses, aident à avancer dans la vie, à être alignés, redynamisent les intérieurs et nous font briller de mille feux quand elles sont à notre cou. N'allez cependant pas croire que vous savez tout d'elles !

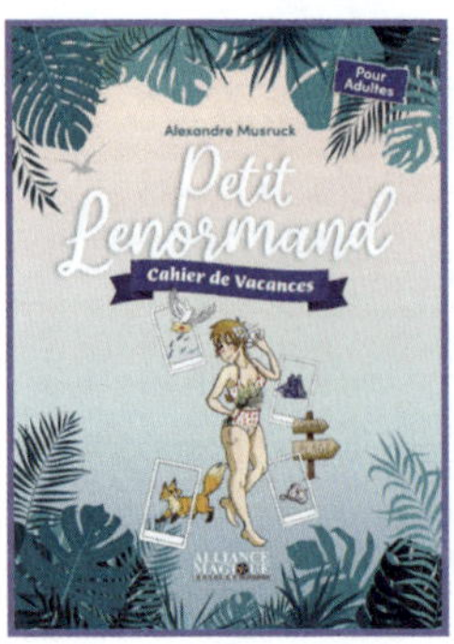

Petit Lenormand, Alexandre Musruck

Saviez-vous que mademoiselle Lenormand, qui donne son nom au jeu, ne l'avait ni inventé ni même utilisé ? Non ? Et bien ce cahier est fait pour vous ! Et si vous le saviez déjà, il regorge de quiz et de jeux pour tester et approfondir vos connaissances !

Guides Spirituels, Johanna Hani

Nos guides influencent nos vies : lorsque nous nous interrogeons sur un sujet et que soudain une idée jaillit, répondant parfaitement à nos attentes, nous le leur devons souvent… Mais saviez-vous que nous avons plusieurs guides, de différentes sortes ?

La Magie de la Déesse, Camille Serres

Le divin et la magie sont partout. Saviez-vous par exemple que les fontaines portant le nom d'une sainte étaient auparavant dédiées à des déesses païennes ? Brocéliande n'était-elle pas connue pour ses habitants enchantés ? Que diriez-vous de partir à la découverte du divin de la nature ?

Naturopathie, Aurélie Salvador

La naturopathie est un art de vivre dont le but est le maintien de la santé et la prévention des maladies.
Ce cahier vous offre l'opportunité de mieux connaître votre corps, son fonctionnement et ce qui lui convient. Les exercices et jeux vous poussent à assimiler les principes de la naturopathie.

Dans la même collection

Broché 17 x 24 – Illustrations couleurs – 9,95 €

Tarot, Laura Wojazer

Et si vous décidiez d'embarquer pour un fabuleux voyage au pays du Tarot ? Ici, nous aborderons les cartes en tant que compagnes de route pour un voyage à travers soi. Et pour que cela résonne en vous, nous l'analyserons sous l'angle de la pop culture. Telle est la magie du Tarot : il résonne pour chaque lecteur à travers les siècles.

Yoga, Leona Reading

Ce cahier donne des clés pour vivre le yoga en se reconnectant à ses piliers et découvrir des lignes directrices pour donner un sens profond à sa vie. Travailler à travers les pratiques de l'esprit et du corps est un cheminement qui accompagne vers le *samadhi* (état de conscience éclairé), qui permet d'expérimenter le vrai soi.

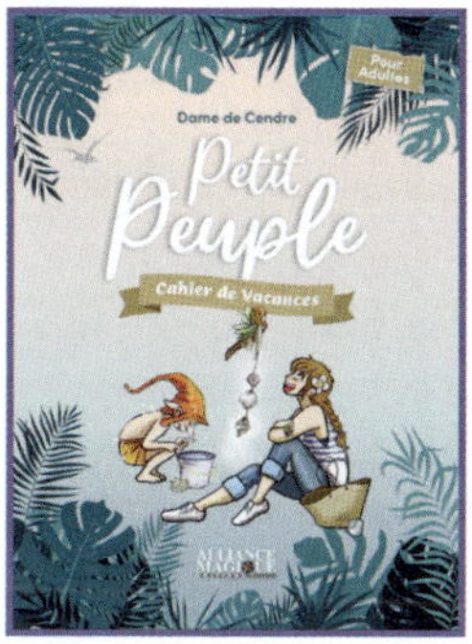

Petit Peuple, La Dame de Cendre

Que vous passiez les vacances en bord de mer, dans les montagnes ou à proximité d'une forêt, laissez ce cahier vous guider sur les routes tortueuses et fabuleuses qui mènent au Petit Peuple ! Mais n'oubliez pas qu'il ne faut pas remercier ces Bonnes Gens-là ! Pourquoi ? Ouvrez les pages de ce cahier et vous saurez tout, ou presque, sur le peuple féerique !

ALLIANCE MAGIQUE
EDITIONS

alliance-magique.com @alliancemagique